SALVADOR A. CARRIÓN LÓPEZ

SEDUCIR Y CAUTIVAR
CON PNL

EDICIONES OBELISCO

Si este libro le ha interesado y desea que lo mantengamos informado de
nuestras publicaciones, escríbanos indicándonos qué temas son de su interés
(Astrología, Autoayuda, Ciencias Ocultas, Artes Marciales, Naturismo,
Espiritualidad, Tradición...) y gustosamente lo complaceremos.

Puede consultar nuestro catálogo en www.edicionesobelisco.com

Colección Éxito, para gente emprendedora
SEDUCIR Y CAUTIVAR CON PNL
Salvador A. Carrión López

1.ª edición: marzo de 2002
2.ª edición (1.ª ed. de la presente impresión): noviembre de 2008

Diseño de cubierta: Enrique Iborra

© 2002, Salvador A. Carrión López (Reservados todos los derechos)
© 2008, Ediciones Obelisco, S.L.
(Reservados los derechos para la presente edición)

Edita: Ediciones Obelisco S.L.
Pere IV, 78 (Edif. Pedro IV) 3.ª planta 5.ª puerta.
08005 Barcelona - España
Tel. 93 309 85 25 - Fax 93 309 85 23
E-mail: info@edicionesobelisco.com

Paracas, 59 C1275AFA Buenos Aires - Argentina
Tel. (541-14) 305 06 33 - Fax: (541-14) 304 78 20

ISBN: 978-84-9777-511-3
Depósito Legal: B-44.850-2008

Printed in Spain

Impreso en España en los talleres gráficos de Romanyà/Valls S.A.
Verdaguer, 1 - 08786 Capellades (Barcelona)

INTRODUCCIÓN

Cuando están en juego acontecimientos importantes, discusiones trascendentes, intereses decisivos, o noticias de portada, tengo la certeza de que nadie implicado en tales eventos deja que la información se produzca al azar; por el contrario, busca a un experto para que lleve las riendas de la comunicación. Sin embargo, en la mayoría de las situaciones cotidianas de la vida —que no por ello dejan de ser importantes—, tales como: relaciones personales, familiares y comerciales, intercambios culturales, políticos y sociales, negociaciones entre parejas, socios, entidades, grupos de presión, etc., aquí sí que se abandona la comunicación a su suerte. Y por ello, lamentablemente, así les va muchas veces.

Existe una creencia ampliamente extendida que considera como habilidad comunicativa tener mucha verborrea. Craso error, puesto que hablar no es comunicar —los loros también hablan, y mejor que muchos hombres—; el lenguaje es sólo una pequeña parte del proceso, aunque se le quiera dar mayor importancia o relieve del que realmente tiene.

¿Cuántas veces has soportado el parloteo incesante y vacío de alguien?

¿Cuántas veces después de aguantar a una cotorra —o cotorro—, no te has enterado de nada de lo que ha dicho?

¿Cuántas veces has escuchado a un supuesto erudito y lo expuesto te ha entrado por un oído y te ha salido por el otro?

¿Cuántas veces has estado al borde de quedarte dormido en una reunión o en una conferencia?

Todo ello, y sin la menor duda, fue por la deficiente capacidad comunicativa de quienes hablaban.

Si quieres que tus mensajes sean escuchados y entendidos, si pretendes conquistar o seducir a alguien o incluso —¿por qué no?— a toda una audiencia, si deseas tener la certeza de que tus informaciones han sido transmitidas correctamente e igualmente entendidas por tus oyentes, he aquí la clave.

El contenido de este libro: *Comunicación de impacto* es la herramienta que necesitas para ser un excelente comunicador. Aquí encontrarás las técnicas y modelos prácticos que, basados en la Programación Neuro-Lingüística —PNL—, te van a aportar las bases para el desarrollo de las habilidades comunicativas hasta ahora reservadas a los grandes «gurús» de la palabra.

Para ser un buen comunicador, para no quedar en la incertidumbre de si lo dicho habrá sido entendido, necesitas ser el dueño del cien por cien del proceso, desde tu interior hasta la mente de tu interlocutor, y saber que le ha llegado y lo ha comprendido y aceptado.

Las técnicas que vas a encontrar expuestas en el libro no funcionan solas, es necesario aprenderlas y practicarlas, y como cualquier aprendizaje, requiere disciplina, constancia y paciencia. No seas de esos que siguen siendo como niños: «Quiero un caramelo ahora, y si no lo tengo lloro y pataleo».

Si practicas estos modelos, alcanzarás una capacidad y eficacia en tu comunicación que a ti mismo te sorprenderá.

*Nada le he dicho ni me ha dicho y,
sin embargo, nos lo hemos dicho todo.*

Pepita Jiménez, JUAN VARELA

DESARROLLE SU CAPACIDAD NATURAL PARA LAS RELACIONES

*No te robes a ti mismo
lo que te pertenece.*

RAMÓN LLULL

Uno de los pilares básicos para las relaciones humanas satisfactorias consiste en establecer una buena comunicación; entendiendo como tal la facultad que tenemos para emitir un mensaje y que nuestro receptor reciba (valga la redundancia) exactamente aquello que queremos transmitir. La clave está en eliminar posibles interferencias: emociones incontroladas, incongruencias en la comunicación, desinterés, falta de contacto, etc., consiguiendo así participarnos de forma congruente, es decir, que lo que pensamos y lo que estamos diciendo y notificando sea lo mismo.

¿Qué es la Comunicación?

- Hablar no es comunicar.
- Escribir no es comunicar.
- Información no es comunicación.
- ¿Qué es entonces comunicación?

Comunicación es mucho más que todo eso. Así que podríamos definirla de forma precisa como el sistema de comportamiento integrado que calibra, regulariza, mantiene y, por ello, hace posible las relaciones entre los hombres. En consecuencia, podemos ver en la comunicación el mecanismo de organización social, de la misma forma que la transmisión de la información es el mecanismo de comportamiento comunicativo.

Es curioso que en la era de los medios de comunicación, muy pocas personas la utilicen correctamente. No estoy hablando del uso adecuado de los recursos: radio, prensa, televisión, etc., sino de la forma de transmitir, que es lo que realmente importa. Actualmente nos encontramos bombardeados continuamente por toda clase de impactos informativos, en la mayoría de los casos tendenciosos y manipuladores, que tienen como propósito mediatizar, condicionar y «lavar el cerebro» de oyentes y lectores. No señalo que la metodología de PNL que aquí muestro no les sirva para idénticos fines, pero no les quepa la menor duda de que a lo largo del libro también comprenderán la responsabilidad que asumen al usar indebidamente éste o cualquier otro método de comunicación eficaz.

Muy importante en todo hecho comunicativo es tener la certeza de que transmitimos lo que queremos transmitir, y que nuestros oyentes entienden lo mismo que nosotros decimos. Esto nos conduce a una cuestión crucial, que ha sido un escollo para muchas ciencias y especialmente para las del área de la comunicación:

¿Cuándo podemos decir que la información ha sido transmitida y captada?

Tengamos en cuenta que hablar no es comunicar, que el lenguaje es sólo parte del sistema total comunicativo, y que para que exista una auténtica comunicación se requiere una serie de factores que ha de estar presente en el acto para que aquélla sea real y eficaz. La precisa consideración de todos esos factores, el empleo correcto de las técnicas más avanzadas —entre las que se cuenta la PNL—, y el desarrollo de habilidades comunicativas para transmitir con precisión y éxito, de forma seductora y atractiva, es lo que llamamos «comunicación de impacto».

En los momentos en los que están en disputa eventos significativos, nuevas aclaraciones o nuevos componentes discursivos, advertimos que normalmente los sujetos se aperciben de la nueva situación, o al menos que se conducen de una forma modificada. Pero sabemos que hay comportamientos no verbales que son poco manifiestos y de los cuales no tenemos una percepción consciente. De hecho, el que un participante en la interacción actúe seguidamente de forma apropiada («como era de esperar») puede deberse solamente a que ha decidido seguir adelante con su propia ejecución del programa, lo cual no significa que lo haya aceptado. Es frecuente encontrar mecanismos de respuesta automáticos aprendidos o condicionados, que reaccionan de forma espontánea sin que tengan nada que ver con el sentido que se le quiere dar a la comunicación.

Por tanto, cuando de «comunicación de impacto» se trata, hemos de obtener la certeza de que el contenido que deseamos transmitir ha sido debidamente captado por nuestro interlocutor. Para ello tendremos presentes una serie de requisitos básicos que nos aseguren el éxito o al menos que en un principio no nos impidan la consecución del mismo.

¿Acaso dejamos la producción de nuestra empresa en manos de aprendices? ¿La contabilidad y las finanzas nos las gestionan inexpertos? ¿Responsabilizamos del departamento comercial a un profano? Entonces, ¿cómo es posible que por lo general nos ocupemos tan poco, o incluso abandonemos la comunicación —que es la imagen real de nuestra entidad— a su suerte?

Cuando pretendemos conquistar a una chica o a un chico, ¿enviamos a otro en nuestro lugar? E incluso ya en la situación, ¿descuidamos nuestro lenguaje? Bueno, en ciertos casos sí, pero el resultado ya sabes cuál es.

Una deficiente comunicación acarrea problemas a todos los niveles. Individualmente impide la armonía en las relaciones, genera tensión, confusión, malos entendidos, rencillas, distanciamiento, etc. En el ámbito empresarial los problemas creados por las comunicaciones no eficientes se multiplican, y aunque aparentemente permanezcan ocultos, sus efectos dañinos se hacen visibles a no muy largo plazo. Su forma de manifestarse puede adoptar vertientes endógenas o exógenas; las primeras tienen que ver con las argucias y luchas de poder, deshumanización, egocentrismo y falta de cooperación, lo que lleva a mantener una situación en el seno de la organización de casi permanentes conflictos interpersonales. Y como consecuencia de ello se desencadena estrés y somatizaciones, que inevitablemente acarrean un incremento del absentismo laboral.

Externamente, las carencias o fallos en la comunicación, posiblemente sean mucho más comprobables que las anteriores, al repercutir de forma más directa, dificultando la relación empresa-clientes. La imposibilidad de despertar los deseos de compra de éstos, o de motivarlos para comprar en el futuro; son efectos que arrastran fatalmente a perder terreno comercial en beneficio de la competencia.

Alcanzar una profesionalización en todas las áreas comunicativas, equiparables a las más desarrolladas dentro de la empresa, sería un objetivo imprescindible. En el siglo XXI no se puede dejar en manos inexpertas una faceta tan importante y de tanta trascendencia.

En la esfera personal, los resultados de una comunicación eficaz nos abren las puertas del éxito, de la conquista, de la seducción, de conseguir un pleno dominio en las relaciones humanas profesionales y personales.

La metodología que aquí presento, columna vertebral de la «comunicación de impacto», se asienta sobre las bases de la PNL, siglas que hacen referencia —como ya se ha dicho antes— a la Programación Neuro-Lingüística. Esta nueva ciencia —aunque no aceptada aún oficialmente—, podríamos definirla como la epistemología de la experiencia; o lo que es igual: conocer cómo conocemos. Se trata de un modelo bien sistematizado y con abundantes técnicas, que nos permiten llegar a la identificación y concienciación de las estructuras —incluso podemos representarlas gráficamente— de nuestros procesos mentales, es decir, de la forma que cada uno tiene de pensar. Una vez aprendido el sistema lograremos determinar cómo piensan nuestros interlocutores y adecuarnos convenientemente a sus necesidades de comprensión, en aras a alcanzar nuestro objetivo.

No va a ser simple conseguir un dominio total de este modelo comunicativo, ya que, como advertiremos detenidamente, cada individuo posee su propio y particular modo de estructurar el pensamiento y de concebir el mundo (es decir: cómo él cree que deben ser las cosas). La apreciación de la realidad es subjetiva y basada en experiencias interpretadas, y de cómo éstas han sido asimiladas.

Por tanto, el primer requisito para que exista comunicación es que el lenguaje utilizado ha de ser objetivo. La objetividad es la base imprescindible de la correcta comunicación. Entendiendo por objetividad que lo que uno expresa y lo que otro entiende sea lo mismo, es decir, que un concepto tenga idéntico significado para ambas partes. Para nuestro trabajo, uno de los elementos necesarios e imprescindible dentro del proceso comunicativo es tener siempre presente que si queremos que exista comunicación real, lo que decimos o exponemos y lo que nuestro oyente o interlocutor entiende ha de ser lo mismo, que no quepan interpretaciones. Cuando un hablante

14

desea firmemente ser comprendido, necesariamente procurará que sus palabras y sus frases simbolicen y se refieran a iguales nociones que su interlocutor razona. Esto es lo que llamamos *objetividad del lenguaje.*

Otro ejemplo: si quiero publicar un anuncio en la prensa o televisión de un país de Sudamérica, es necesario estar al corriente de la expresión y evitar el uso de ciertos términos de común uso en España, cuyo significado en el continente americano es, en ocasiones, ofensivo o al menos chabacano, como: *coger, parar, concha, terciar, salao, mordida,* etc.

Si perdemos, desconocemos o confundimos el alcance de una palabra o palabras dentro de una frase, el contenido total del enunciado se perderá. Y si esa oración es importante en el párrafo correspondiente, éste carecerá de sentido, lo mismo que ocurrirá con la página completa del texto. Por tanto, el primer paso de una buena comunicación es la unificación del lenguaje.

«Hablemos a cada uno según su grado de comprensión o conocimiento.»

La comunicación eficaz implica responsabilidad. Éste sería el segundo de los requisitos. Como buenos comunicadores hemos de asumir la responsabilidad de la comunicación. Un buen comunicador no puede permitirse decir: «Es que no me entiende». En este caso lo que realmente ocurre es que uno no se sabe explicar. Si verdaderamente queremos ser comunicadores con huella para nuestros oyentes, hemos de tomar las riendas del mensaje y como consecuencia hacer nuestra la afirmación de que: «El resultado de la comunicación es la respuesta que se obtiene independientemente de nuestra intención».

Esto nos lleva inevitablemente a ser conscientes de la necesidad de manejar correctamente todas las técnicas necesarias para ser auténticos expertos en comunicación, y no caer posteriormente en la estupidez de tener que decir: «no era esa mi intención», «yo no pretendía decir eso», «ha habido una mala interpretación», «no quise herir tus sentimientos», etc. Todas ellas, frases comunes en las conversaciones de hoy en día, y que lo único que denotan es la falta de compromiso e ignorancia respecto de la importancia que tiene una buena comunicación para alcanzar la armonía, o al menos para establecer unas relaciones interpersonales idóneas.

Ninguna comunicación es totalmente independiente del contexto, elementos tan decisivos como *lugar*, *tiempo* y *gente* son absolutamente imprescindibles para una correcta transmisión. El lenguaje, como parte de la comunicación, es dependiente del contexto —como ya dije—, ya que ésta se encuentra enraizada en la abstracción de la realidad. No se transmite de igual modo, y sus interpretaciones son distintas en el ámbito coloquial o familiar, que cuando nos manifestamos ante una sala de justicia, por ejemplo.

El hombre, como animal social, necesita establecer relaciones personales constantemente; sería absurdo pensar que podemos aislarnos y prescindir del resto de la humanidad porque ésta nos resulte hostil o pesada. Necesitamos saber estar en el mundo, aunque no seamos de él, y ese estar implica mantener una comunicación adecuada a las necesidades del momento. Muchas personas justifican su falta de compromiso, de honestidad o de responsabilidad con afirmaciones del tipo: «Es que yo soy así, quién quiera, que me acepte, quién no, que se vaya». «Así es mi carácter, y no puedo remediarlo, y a mi edad no voy a cambiar.» Y una relación de argumentaciones similares que lo único que demuestran, como decía líneas atrás, es que este tipo de individuos no quiere hacer ningún esfuerzo por mejorar su trato, pretendiendo que el universo se adapte a él o ella. Estos sujetos están abocados a un constante enfrentamiento con el mundo que les rodea. Creen que las injusticias se ceban en él, que la gente los agrede, persigue o que pretenden abusar de ellos, que la sociedad se aprovecha de su «bondad».

Si aprendiéramos a comunicarnos correctamente con el resto de la humanidad, la mayoría de los problemas sociales desaparecerían. Podemos discrepar de las ideas de otros, pero si lo hacemos respetuosamente, con el «protocolo» adecuado, o la cortesía necesaria, se encuentran siempre soluciones. La tensión surge en el momento en el que una de las partes pretende imponer su forma, sus maneras, sus conductas sin consideración de ninguna clase hacia el resto de los presentes u oyentes. Es como si creyeran que sus experiencias subjetivas, su «personal idea o visión» del mundo, es la única válida para todos. Como apreciarán, amigos lectores, eso dista muy poco de fanatismos o fundamentalismos.

Imaginemos la siguiente situación: una familia numerosa o un grupo de amigos íntimos se reúne ciertos días del mes para cenar todos juntos, y compartir así unos momentos de relación y vínculo; todos desean esta reunión y participan en ella voluntariamente. Por cortesía, protocolo y educación, no se comienza a comer hasta que todos los miembros se encuentran presentes, y el cabeza de familia bendice la mesa y reparte los alimentos. Bien, qué dirían ustedes si un par de los miembros de la familia o grupo, justo cuando el resto se está acomodando, se fuesen sistemáticamente a llamar por teléfono y permanecieran alrededor de una hora de cháchara con sus amigotes o se ausentaran sin advertirlo y sin decir el tiempo que tardarán en regresar, mientras el resto los espera a que acabe su particular capricho. Es probable que alguno piense que la actitud de esos dos miembros no tiene nada de malo, o que en todo caso el resto podría continuar con la cena sin esperarlos. Por supuesto que cualquier objeción resultaría aceptable. Pero ¿qué sucede a partir de ahí con la comunicación?, ¿y con la interrelación? Si tales reuniones se llevan a efecto para incrementar los lazos entre los presentes, ciertamente el efecto que se consigue es precisamente el contrario. Seguro que dentro del propio grupo habrá quien disculpe la actitud de los irrespetuosos, pero también están aquellos que consideran la acción como una grosería o un insulto. A partir de este punto la tensión y la desarmonía están servidas.

El ejemplo precedente tiene mucho que ver con la responsabilidad aludida como segundo de los requisitos citados, ya que si pretendemos crear núcleos de convivencia eficaz, no la alcanzaremos generando tensión aunque ésta sea «sin querer».

De la calidad de la comunicación depende el triunfo como individuos, y como responsables dentro de cualquier sistema (grupo, empresa, familia, organización, etc.). Al utilizar estas metodologías seremos capaces de identificar las estrategias mentales de otros, generar estados de empatía a voluntad, y como consecuencia establecer conversaciones enriquecedoras, persuasivas y convincentes, para alcanzar unas relaciones personales, sociales y profesionales fructíferas. Así será posible el manejo de situaciones delicadas y difíciles de una forma idónea, permitiéndonos so-luciones de éxito y la eliminación de cualquier barrera que se presente entre usted y sus interlocutores.

Como ya he dicho, al establecer una relación comunicativa se genera una zona en la que todos los elementos: humanos y técnicos intervienen para crear la atmósfera adecuada al proceso. A este espacio lo llamamos ESFERA DE COMUNICACIÓN, y será en gran medida el contenido de este libro. La labor que vamos a desarrollar, consistirá en un estudio pormenorizado de los elementos de la esfera, además de aquellas técnicas y métodos que nos permitan alcanzar una óptima habilidad en el manejo de cada uno de los aspectos que la conforman.

ESFERA DE COMUNICACIÓN

Impacto ↔↔↔↔↔↔↔ Objetivo

Representaciones
internas
Procesos
internos
Creencias
Valores

Intención
Motivación
Utilización de técnicas
Calibración
Rapport
Metamodelo
Metaprogramas

RECEPTOR - EMISOR
Lugar, momento y personas

Elementos que intervienen en la esfera:

Emisor con sus cualidades y contenidos:
- Intención
- Objetivo de la comunicación.
- Motivación
- Habilidades comunicativas.
- Técnicas de comunicación.

Receptor, su estado y proceso de pensamiento:
- Estado interno.
- Sistema representacional valorado.
- Mapa personal:
  ⇨ Creencias y valores
  ⇨ Recuerdos y actitudes
  ⇨ Respuesta adaptativa.

Interacción de los participantes:
- *Feedback*
- Calibración
- *Rapport*
- Espacios comunicativos
- Lugar, momento, gente.

El fin de la optimización, del manejo excelente de todas estas unidades, es conseguir que el objetivo se lleve a efecto de manera precisa y con éxito. También pretendemos unificar las intenciones de todos los interlocutores —sea cual sea su número—, para que se pueda generar la denominada DINÁMICA DE COMUNICACIÓN, en la que el resultado positivo que logremos alcanzar se multiplique geométricamente. Lo que llevaría a profundizar más y más en la comprensión, en la empatía, en la transmisión de conocimientos e informaciones, desarrollando así progresivamente un mayor y mejor vínculo entre los sujetos que intervienen en la situación. Cuando no se alcanza esta dinámica, no es que se pierda la totalidad de la comunicación, sino que su calidad disminuye, y sigue disminuyendo, hasta que llega a cambiar de sentido, y donde debiera haber armonía, lo que se genera es tensión y estrés.

Lo que viene a continuación es el desglose del sistema que se genera entre los seres humanos cuando establecemos una relación de comunicación. El circuito es estándar y lo encontramos presente en cualquier ámbito de la vida, desde el núcleo familiar hasta la empresa, pasando por asociaciones, grupos de amigos, parejas, etc.; de su conocimiento y eficaz uso va a depender en un porcentaje muy elevado que tengamos éxito o no en nuestras relaciones, sean éstas de la naturaleza que sean.

Muchos individuos creen que por hablar más, reír fuerte, decir frases ingeniosas o cínicas, ser incisivos, cortantes o incluso hirientes, son mejores comunicadores que otros. Aquí no es cuestión de quién llama más la atención, sino de quién se armoniza y empatiza mejor con sus interlocutores. Se suele confundir «meterse en todos los charcos», con tener buenas relaciones. También existe la creencia errónea de que quien más habla, y quien lo hace con más personas, es mejor comunicador. Todas éstas y otras muchas formas de justificarse ciertas personas, no son más que manifestaciones evidentes de mal intercambio, ya que lo único que pretenden tales sujetos es atraer la atención por el mero hecho de satisfacer su ego, sin tener para nada en cuenta si se están o no comunicando con los otros.

Ya hemos visto cuáles son los requisitos básicos o patrones de la comunicación; estudiemos ahora uno a uno los componentes del gráfico precedente que nos refiere la «esfera de comunicación».

Empecemos por el concepto de *interacción*, en el que se basa la acción comunicativa, es decir, en aquello que transmitimos y cómo lo transmitimos. Aquí intervienen los aspectos verbales y no verbales del emisor y del receptor, así como la empatía que se establezca y nuestra destreza para detectarla y provocarla a través del *feedback*, la calibración, el correcto *rapport* que establezcamos y los estados internos del emisor y receptor.

Aspectos a tener en cuenta:

a) Cualidades verbales y no verbales del emisor.
b) Cualidades verbales y no verbales del receptor.
c) Empatía por medio de:
   • *Feedback*
   • Calibración
   • *Rapport*
d) Estado interno del emisor.
e) Estado interno del receptor.

Como ya sabemos, la comunicación puede definirse como el sistema de comportamiento integrado que calibra, regula, mantiene y, por ello, hace posible las relaciones entre los humanos. En consecuencia, podemos distinguir en la comunicación el mecanismo de organización social, al igual que la misma forma de la transmisión de la información es el instrumento de comportamiento comunicativo.

Sea como fuere, podemos considerar que hay una buena transmisión cuando el guión se desarrolla sin obstáculos. En caso contrario, cuando no se da la «ejecución ideal del programa», es posible determinar la cantidad de información transmitida, «radiografiar» los pasos de comunicación deficiente, localizando con cierta exactitud dónde se producen las advertencias, retrasos, fallos, etc.

En la comunicación dividimos este procedimiento en dos componentes, que son los que conforman los elementos verbales y no verbales del mismo. A éstos los llamamos también, digital y analógico.

COMUNICACIÓN = digital + analógico.

El componente digital de la comunicación es el significado de las palabras, los dígitos, lo que decimos. *El componente analógico* se refiere a la calidad y a la forma, o cómo lo decimos. En este segundo aspecto o componente, intervienen fundamentalmente la calidad de la voz (intensidad, tono, cadencia, etc.) y la fisiología (respiración, postura, etc.).

Según la investigación llevada a cabo tanto por Albert Nehrabian, como por el sociólogo Birdwhistell, y otros muchos investigadores, y aceptada universalmente, la estructura de la comunicación entre personas está organizada como se indica en el cuadro de la página siguiente.

Dicho cuadro nos refiere la importancia y el nivel superior de comunicación que recibimos y transmitimos a través del lenguaje no verbal (o analógico) en nuestras interacciones con otros seres humanos.

ESTRUCTURA DE LA COMUNICACIÓN ENTRE PERSONAS

DIGITAL   7%   PALABRAS

A   Intensidad
N   Tono
A   38%   Cadencia
L   Volumen
Ó   Calidad de voz
G   Velocidad
I   Timbre
C   Etc.
O
                                       Respiración
                                       Movimiento de ojos
             55%   Coloración
                                       Postura

                                       Movimientos

TOTAL   100%   COMUNICACIÓN

Para familiarizarnos y manejar con mayor soltura todo lo referente al arte de la interacción humana, es preciso tener en cuenta que en la comunicación existen ciertos axiomas —algunos sugeridos con anterioridad— que nos dan el soporte y referencia de muchas investigaciones y experiencias. Estos principios son:

1. La no-comunicación es imposible entre seres vivos.

Siempre hay comunicación, o meta-comunicación, aunque no digamos nada, aunque estemos enfadados y silenciosos. Siempre, claro está, que exista presencia de seres humanos, no nos quepa duda alguna que estamos transmitiendo, aunque en estos casos de silencio lo que manifestemos sea: «No quiero decir nada» o «estoy enfadado y no te hablo». Indudablemente, no llevamos a efecto el total de la comunicación (100%), pero trasmitimos todo el componente analógico.

Consideramos que la comunicación es una conducta y no existe lo contrario de conducta.

Toda conducta es una situación de interacción, y es comunicación. Por mucho aun que uno lo intente no puede dejar de comunicar. La inactividad o el silencio, al igual que la actividad o las palabras, tienen siempre valor de mensaje; influyen sobre los demás, quienes, a su vez, hagan lo que hagan, no pueden dejar de responder.

2. Toda comunicación tiene un aspecto de contenido y un aspecto relacional, tales que el segundo clarifica al primero y es, por tanto, una meta-comunicación.

El aspecto de contenido de un mensaje transmite información; por tanto, en la comunicación humana son sinónimos referencial y digital. El elemento instrucción (comando) se refiere a qué tipo de mensaje debe entenderse que se quiere emitir y, por tanto, en última instancia hace referencia a la relación entre los comunicantes.

Una computadora necesita información (datos-dígitos) e información acerca de la información (instrucciones-analogía). Las instrucciones corresponden a un tipo lógico superior al de los datos; son meta-información. En la comunicación humana observamos que esa misma relación existe entre los aspectos referencial y comando-instrucción: el primero transmite los datos de la comunicación, y el segundo cómo debe entenderse ésta.

La capacidad para «meta-comunicarse» de forma adecuada, constituye no sólo condición *sine qua non* de la comunicación eficaz, sino que también está íntimamente vinculada con una compleja cuestión: la percepción del *self* (sí mismo) y del otro.

Por otra parte, la naturaleza de una relación depende del orden de las secuencias entre los comunicantes. Para un observador objetivo, la comunicación puede entenderse como una secuencia ininterrumpida de intercambios. El orden que tengan las secuencias comunicacionales organizan los hechos de la conducta. Me refiero a los mecanismos de respuesta de cada uno de los sujetos, quién inicia y quién continúa: acción-reacción o estímulo-respuesta. Son el caso de situaciones tales como:

—Te grito porque me miras de ese modo.

—Te miro de ese modo porque me gritas.

El dilema surge del orden falso de la serie, a saber, la pretensión de que tiene un comienzo, y éste es el error de los que participan en tal situación.

El lenguaje digital cuenta con una sintaxis lógica sumamente compleja y poderosa, pero carece de una semántica adecuada en el campo de la relación, mientras que el lenguaje analógico posee la semántica, pero no la sintaxis adecuada para la definición inequívoca de la naturaleza de las relaciones.

Como ya advertimos, digital es aquello que se representa mediante dígitos universalmente establecidos y que se estructuran para nombrar o identificar algo, aunque no exista similitud alguna entre la expresión y el objeto (no haya nada parecido a una mesa en la palabra «mesa»). Analógico es, virtualmente, todo lo que sea comunicación no verbal o no digital. En la necesidad de combinar estos dos lenguajes, el hombre, sea como receptor o como emisor, debe traducir constantemente de uno a otro y, al hacer esto, enfrentarse con varios y curiosos dilemas. Es importante recordar que al traducir del sistema analógico al digital se pierde información.

3. Todos los intercambios comunicacionales son simétricos o complementarios, según estén basados en la igualdad o en la diferencia.

Es simétrica la conducta que tiende a igualarse recíprocamente entre los participantes. Es complementaria la que se ajusta al rol que complementa la del otro. En ésta existen dos posiciones: la superior o «lideral» y la secundaria o inferior. Hay casos de intercambio «meta-complementario»; en éstos, el que ocupa la posición superior obliga al de la inferior, mediante razonamientos, a ponerse arriba, o bien a ser simétrico (establecer así una pseudo-simetría).

Todas estas reglas son algo así como el marco dentro del cual iremos dibujando nuestro aprendizaje, que tendremos que plasmarlo con las técnicas y métodos de comunicar, reconocer y valorar los avances o retenciones que vayamos consiguiendo en cada secuencia que realicemos en un hecho comunicativo. Pero inevitablemente, además de todos esos elementos que ya hemos considerado, hay algunos otros que aunque no sean demasiado palpables van a mediatizar los resultados. En muchas ocasiones creemos que realizamos correctamente cualquier acto o conducta hasta que nos paramos, reflexionamos, y la observamos desde fuera, dándonos cuenta, a continuación, de que podemos mejorarla, o modificarla para maximizar su resultado o mejorar las respuestas que obtenemos con la incorporación o la consideración de ciertos detalles.

Son muchas las sutilezas que podríamos valorar, ya que en el campo de la comunicación cualquier esfuerzo por mejorar siempre podrá ser admitido. Sin embargo, las sagacidades que añado pueden llegar a ser decisivas en una interacción con fines elevados. Concretamente, me refiero a los factores condicionantes de:

LA MOTIVACIÓN,[1] que la definiremos como la preparación mental para ejecutar una acción con diligen-

---

1. Puedes encontrar un magnífico desarrollo de la estrategia de motivación en el libro *Modelado de la excelencia*, de Salvador Carrión, en Obelisco.

cia, interés y eficacia; una predisposición positiva para llevar a cabo algo, en este caso una comunicación eficaz con alguien.

No existe una forma estandarizada de motivación recomendable para todos los procesos de comunicación. Cada situación ofrece incentivos diferentes y, por tanto, nos inspira de diferente forma. En todo caso, una equilibrada motivación resulta más funcional en el trato humano que su falta o su exceso. El exceso puede bloquearnos físicamente, y la escasa motivación hace que seamos sensibles a todo tipo de interferencias ajenas al proceso que nos ocupa. La motivación no es generalizable, aunque se «contagia» con relativa facilidad. En comunicación, afecta tanto al emisor como al receptor. Del mismo modo que determina ciertos signos fisiológicos, estos mismos cambios fisiológicos pueden determinar nuestro nivel de motivación y, por tanto, de atención. Ciertos modos de respiración, postura, tono muscular, pueden mostrar la existencia o no de motivación; al igual que la adopción de ciertas formas fisiológicas puede ayudar a que nos motivemos. El exceso de motivación genera voracidad, y ésta dificulta la objetividad, la claridad de ideas, la atención y otras facultades necesarias para la realización de conductas eficientes. La motivación más efectiva o más determinante, según el caso, es la necesidad. El deseo es puntual, temporal, mientras que la necesidad es permanente.

Un hombre saciado, y un hambriento, no ven lo mismo cuando miran una barra de pan.

El CONTEXTO, tiene una importancia determinante. Todos somos sensibles a lo que nos rodea, por más que centramos nuestra atención en un punto definido. Los componentes fundamentales del ámbito en el que se desarrolla el hecho comunicativo son las personas, el lugar y el momento.

Y dentro del lugar: la decoración, las condiciones, la comodidad, la situación, los medios, etc.

Una misma cosa, comunicada de distinta forma en distintos contextos, supone un mensaje diferente en cada ocasión.

Las interferencias pueden desprenderse de múltiples puntos e incidir sobre distintos momentos. Por ejemplo, afectan tanto al emisor como al receptor: condiciones inadecuadas, codificación y modo expresivo del mensaje, prejuicios, creencias, estado de ánimo, etc.

Otras aparecerán por el medio de transmisión utilizado, y otras por el contexto. La maximización de la efectividad en nuestra comunicación requiere que sean tenidas en cuenta todas las condiciones y variables que nos sea posible controlar. No siempre nos basta con los medios técnico-mecánicos o electrónicos usuales: voz, imagen, escritura, megafonía, etc.; el factor momento adecuado es imprescindible tenerlo siempre en cuenta. Es conveniente buscar un permanente *feedback* del contexto o un chequeo para que la información que se nos demanda esté siendo recibida, si se está captando correctamente el mensaje, si estamos alcanzando el objetivo que nos hemos propuesto.

La INTENCIÓN. Me refiero a «para qué» hacemos las cosas, y suele conectarse con nuestra escala de valores y, por supuesto, con el sentido de la vida. Aunque creemos que nuestras intenciones son claras y sinceras, acostumbran a ser menos «altruistas» de lo que frecuentemente expresamos, y en casos hasta incluso inconfesables.

La intención la identificamos preguntándonos y respondiéndonos siempre para qué hacemos las cosas, y está directamente relacionada con aquello que pretendemos conseguir, no en el aspecto superficial, sino en lo más profundo de nuestra mente. Es necesario definir la intención en cada caso, usando términos de referencia claros y precisos. Es lo que llamamos: «Clarificar la intención». Para ello sería muy efectivo y aleccionador, comenzar a preguntarnos:

- ¿Cuál es la intención que me mueve a emprender o a ejecutar tal conducta o tal proyecto?
- ¿Es realmente ésa mi intención?
- ¿Para qué quiero eso?
- ¿Oculto otra u otras intenciones detrás de la que manifiesto?
- ¿Qué otras intenciones están presentes?
- ¿Qué es realmente lo que pretendo con ello?
- ¿Soy sincero conmigo mismo al definir mi intención?
- ¿Cuál es concreta y específicamente mi intención?
- ¿Y para qué quiero eso realmente?
- ¿Y eso que he respondido para qué?

De este modo alcanzamos a mantener la intención focalizada, es decir, dentro de la conciencia, para poder seguir la trayectoria de nuestros actos y compararlos con ella.

- ¿En qué dirección van mis actos comparándolos con mi intención?
- ¿Dónde me conduce mi intención?

EJERCICIO: Este trabajo nos conduce al descubrimiento de nuestras intenciones más profundas, ocultas o segundas intenciones, que subyacen tras lo aparente o manifiesto.

> Escoge una experiencia vivida en la que te enfrentaste verbalmente con alguien (compañero/a de trabajo, pareja, hijos, padres, suegros, cuñados, etc.).
> Recuerda con la mayor precisión posible la situación, el contexto y la discusión.
> Ahora comienza a preguntarte:
>
> ¿Qué es lo que pretendía conseguir en esa situación?
> RESPONDE:
>
> _____
>
> _____
>
> ¿Para qué quieres eso?
> RESPONDE:
>
> _____
>
> _____
>
> Y eso que has respondido, ¿para qué lo necesitas?
> RESPONDE:
>
> _____
>
> _____
>
> Continúa preguntándote los «¿para qué?», de las respuestas que vayas dando, hasta que sientas que es el fin último de la intención, o lo que es lo mismo, que no haya posibles respuestas a otro «para qué».

¿POR DÓNDE EMPIEZO?

Un viaje de mil millas comienza con un paso.

PROVERBIO ORIENTAL

Fijación de objetivos:
El origen de cualquier logro.

Como todo en la vida, hay que empezarlo por el principio, por dar un primer paso, mas para ello previamente hemos de tener bien marcada la dirección que vamos a seguir y saber a dónde queremos llegar. Los que conducimos recordamos, por ejemplo, que cada vez que nos subimos al coche, antes de arrancarlo y ponernos en marcha, pensamos en el lugar a donde nos dirigimos y hacemos un recorrido mental del trayecto que vamos a seguir hasta llegar a nuestro destino. Pues bien, de eso se trata; de evitar perdernos y dar palos de ciego.

Algunos de los principios básicos de la PNL tienen su fundamento en la *eficacia* y la *elegancia*, esto quiere decir, conseguir *el mayor resultado con el mínimo esfuerzo*. Como parte esencial «hay que saber qué se quiere y que se quiere». Así, para que un objetivo pueda funcionar con eficacia es importante desarrollar una percepción previa de los resultados que pretendemos alcanzar. Cuando la mente tiene un *objetivo bien definido,* una dirección concreta de actuación, puede enfocarse, dirigirse, volver a enfocarse y redirigirse hasta llegar a él, la energía se concentra en esa trayectoria. En ausencia de este objetivo la *energía* se dispersa y se derrocha en todas las direcciones.

En este capítulo va a aprender a formular sus objetivos, sus sueños y sus deseos y el modo de conseguirlos.

¿Ha intentado alguna vez realizar un rompecabezas sin haber visto antes la imagen del mismo ya completa? Pues lo mismo sucede si no tiene una imagen clara de lo que quiere conseguir. Al suministrar al cerebro esa imagen clara y rica en detalles nuestro sistema nervioso selecciona las informaciones prioritarias para alcanzar su objetivo.

CLAVES PARA FORMULAR OBJETIVOS EFICIENTES

Existen una serie de requisitos fundamentales que aseguran la consecución de los objetivos que nos propongamos alcanzar, y son:

1. EXPONERLOS EN POSITIVO. Al escribir la frase o frases de lo que anhela ha de hacerlo de forma que no existan partículas de negación o contrarias a lo que pretendemos conseguir. Por ejemplo: voy a ver a una persona que me interesa, tengo la oportunidad de relacionarme con ella y la quiero cautivar; si pienso: «no quiero que me rechace» ¿qué estoy haciendo?

La mente traduce la información a imágenes, y puesto que dentro del ámbito analógico no existe la negación, le estoy diciendo a mi mente: «que me rechace». Y, por tanto, construye una imagen de la persona rechazándome, y yo ya marcho condicionado por ese pensamiento. Mi mente va a actuar en esa dirección y no voy a generar las capacidades, recursos y energía necesaria para conseguir el «sí». La mente analógica no procesa la negación, es como si no existiera, y lo único que conseguimos es evocar esa imagen que queremos evitar. Hagamos una prueba: «no piense en un elefante de color rosa», ¿qué ha sucedido? Entonces, la formulación correcta sería: «quiero que me diga que sí quiere salir conmigo».

Por tanto, tengamos siempre presente que una exposición adecuada y potenciadora de nuestras metas, parte con una definición planteada en términos totalmente positivos.

2. Que se pueda chequear su consecución sensorialmente. En PNL llamamos evidencias sensoriales a los datos que nos aportan nuestros sentidos: vista, oído y cinestesia o sensaciones, a través de los cuales tenemos la certeza de que estamos consiguiendo lo que nos proponíamos. En el ejemplo anterior: «que me diga que sí...» las evidencias serían: veo que mueve la cabeza asintiendo, oigo sí, «quiero salir contigo», por ejemplo. Es imprescindible que las convicciones sean externas y objetivas: veo, oigo, siento (sensaciones físicas, no emociones).

Si no podemos determinar tangiblemente la consecución de lo pretendido, ¿cómo sabremos que lo hemos conseguido? Muchos grandes proyectos se vienen abajo por no saber si lo estamos o no conquistando, o por el contrario nos alejamos del mismo. Es imprescindible delimitar sensorialmente (en calidades y cantidades) el objetivo y así preverlo.

3. QUE EL INICIO Y MANTENIMIENTO DEPENDAN SÓLO DE USTED. Siempre hay que evitar las dependencias de terceros para que un objetivo sea resultante. En el caso de: «quiero casarme con X», si X no quiere casarse conmigo no hay nada que hacer. Este propósito depende de otra persona, lo que llamamos terceros. Sin embargo, consigo reformularlo diciendo: «voy a ser amable con X, voy a ser afectuoso, voy a ser galante» de esta forma asumo la responsabilidad total de los resultados.
Recuerda que si un objetivo depende de otras personas, se transforma en un azar.

4. QUE SEA ECOLÓGICO CON EL SISTEMA. Es decir, que no perjudique en modo alguno al individuo en sí ni a su entorno. Cuando un plan contiene elementos contrarios o nocivos para el sistema (persona, grupo, familia, etc.), genera una poderosísima barrera en contra de su logro. Tal resistencia está provocada por la defensa desencadenada por los propios valores inherentes al sistema.

¿Cuál sería la fórmula del éxito definitivo, según lo que acabamos de ver?

- Objetivo correctamente formulado.
- Tener evidencias sensoriales.
- Pasar a la acción.
- Ir chequeando las evidencias, para saber cuándo lo hemos conseguido.
- Tener la flexibilidad de cambio necesaria para hacer algo distinto si no lo estamos logrando.

¡*Recuerda!* En PNL no existe la palabra fracaso, sino resultado. Obtenemos resultados de nuestras acciones que a veces son satisfactorios y otras veces no, y esta actitud es la que nos suministra el *feedback* necesario para la auto-corrección y mejora continua.

Vayamos a otra práctica que resultará de gran eficacia y utilidad. Muy bien podríamos bautizarla como «La lámpara de Aladino».

EJERCICIO

1. Por escrito, con un lápiz y papel, formula con claridad de forma concreta y específica cuál es el objetivo que te propones alcanzar.

2. Vamos a marcar ahora un tiempo, no vale decir dentro de unos meses, más adelante, algún día, ha de ser una fecha concreta: el 15 de marzo de 2003, también puede servir en enero de 2003.

3. A continuación hazte las siguientes preguntas:

- ¿Cómo vas a saber que has conseguido el objetivo?
- ¿Qué verás, oirás, pensarás?
- ¿Cómo te sentirás?
- ¿Cómo vas a notar que tu objetivo se va aproximando?

Éstas son las evidencias sensoriales, así que procura ser específico al responder, evita expresar «porque lo veré», o «me sentiré bien», di qué veras, qué sentirás, cómo lo verás y oirás específicamente.

4. Haz una lista de los recursos, capacidades y medios de que dispones para lograrlo. Recuerda los momentos en que usaste estos recursos hábilmente.

5. Responde:
   - ¿Qué más necesitas?
   - ¿Qué deberías hacer, cómo comportarte, qué actitud?

6. Escribe en pocas líneas qué te impide ahora mismo conseguir ese objetivo.

7. Elabora un borrador inicial o plan de acción, detallado y paso a paso hasta el momento de alcanzar el objetivo poniéndote plazos de ejecución. Por ejemplo: si mi objetivo es el de tener una pareja sentimental, lo que haré será:

   - A partir de este momento, voy a mantener relaciones sociales, saldré los sábados por la noche.
   - Aprender técnicas de comunicación y relación para vencer mi timidez.
   - Busco información de cursos de estas técnicas, comprando revistas informativas, libros, etc.

Usted también tiene razón

Cierta vez el Mulá Nasrudín fue nombrado juez de paz de su pueblo. El secretario del juzgado le informó que debía actuar en un caso de litigio entre un comerciante y un cliente que lo demandaba por un servicio inadecuado. Nasrudín ordenó que se les citara para una vista oral.

El día del juicio, dio instrucciones para que entraran cada uno por separado, y en primer lugar hizo llamar al demandante. El secretario expuso los cargos, y el juez pidió al cliente que le explicase sus razones y argumentos por los que demandaba al comerciante. Después de contar su versión de los hechos, Nasrudín se dirigió a su ayudante y le dijo:

—Anote, señor secretario: El demandante tiene razón.

A continuación pidió que hicieran entrar al demandado, y volvió a solicitar su versión de los acontecimientos y sus circunstancias para la defensa. Concluida la exposición de éste, Nasrudín se dirigió de nuevo al secretario y dijo:

—Anote: El demandado tiene la razón.

El secretario, sorprendido y confundido, se acercó al juez y le comentó:

—Señor Nasrudín, usted les ha dado la razón a los dos, y eso no puede ser.

Nasrudín se quedó pensativo unos instantes y al final concluyó:

—¿Sabe lo que le digo, señor secretario? ¡Que usted también tiene la razón! —y dando un golpe en la mesa al uso, sentenció—: ¡Caso cerrado, se levanta la sesión!

Al iniciar el estudio de esta revolucionaria metodología, es imprescindible asumir los fundamentos que nos permitieron en su día construir la base teórica sobre la que trabajar, sin la cual la práctica exigida no tendría sentido. Se trata, pues, no ya de entender dónde surgió el modelo, sino de incorporar, de aceptar e interiorizar una serie de principios —todos ellos de sentido común—, que resultan imprescindibles para manejar con éxito la PNL en general y la «comunicación de impacto» en particular.

A estos principios les damos el nombre de presuposiciones, y son los postulados básicos que cimentan todo el entramado de creencias (sustentadas en la experiencia), que establecen cómo se percibe la conducta, la toma de información y las estrategias personales. En su conjunto conforman el modelo práctico y teórico que permite ejercer esta metodología como arte, como magia —por su espectacularidad—, y como ciencia aplicada; y conducirnos de igual modo a la comprensión y ecológica interacción con el universo en el que vivimos.

Como clave de entendimiento y flexibilidad de conducta, asumimos que:

Lo que creemos que es la realidad no es más que una porción limitada o subjetiva de la misma: EL MAPA NO ES EL TERRITORIO.

Con esta frase aceptamos que lo que cree cada una de las personas que es la realidad de las cosas, no es más que una representación personal que se hace, subjetiva y falsa, de lo que objetiva y auténticamente es la realidad. Decir que «El mapa no es el territorio», equivaldría a que: «El menú no es la comida», o que «Cada uno cuenta la feria según le ha ido».

40

Firmamos esta hipótesis basándonos en que:

a) Hay una diferencia innegable entre la realidad y la experiencia de realidad de un organismo. Es decir, lo que una persona cree que es la realidad y lo que es la realidad en sí, son diferentes. A la percepción, al conjunto de creencias que una persona tiene sobre lo que es la realidad (el mundo, la forma de comportarse, cómo han de ser las cosas, qué es bueno o malo, etc.), es lo que llamamos «mapa».

Cuando aseveramos, valoramos, negamos, aceptamos, o rechazamos algo, siempre lo hacemos en función de la idea, del mapa que sobre ese algo hemos construido. Por tanto, el que afirmemos, valoremos, o lo que sea que hagamos, sólo tiene consistencia para el propio sujeto, nunca para los demás individuos, ya que cada uno de ellos tiene su propio mapa —salvo, claro está, que se establezcan acuerdos o negociaciones previos.

Lo que es la realidad en sí, y que en nuestro elemental estado de comprensión es imposible alcanzar, es lo que denominamos «territorio». En el terreno de lo cotidiano el «territorio» lo definimos como una realidad consensuada o como cualquier hecho que acontezca, aislándolo de las consideraciones subjetivas que cualquiera de los observadores presentes pueda hacer.

b) Cada persona tiene su propio mapa del mundo; la construcción de ese mapa es determinada por factores genéticos y la historia personal de cada individuo. O lo que equivaldría a que tenemos una predisposición natural que nos empujará a cierto tipo de experiencias y no a otras; sumando todas ellas y la comprensión que adquirimos a partir de las mismas, es lo que dará contenido al mapa de cada uno.

c) Ningún mapa es más «real» o «verdadero» que otro. Es decir, que todos los mapas humanos son relativos.
En este mundo traidor, nada es verdad ni mentira, todo es según el color del cristal con que se mira.
Cualquier mapa es útil o inútil en función a los fines que nos propongamos alcanzar, pero ello no quita que sean igualmente subjetivos.

d) No es el «territorio» o la «realidad» el límite de las personas, sino las elecciones disponibles a través de sus mapas. No son las circunstancias las que limitan a las personas, sino las alternativas, recursos, habilidades de que disponga en su mapa. Los mapas más prácticos, funcionales y ecológicos son aquellos que disponen de un número amplio y rico de elecciones, en oposición a ser más «real» o «exacto». Así que hablaríamos de «mapas útiles o eficientes», y de «mapas inútiles o ineficientes», en función de que nos ayuden y potencien, o nos impidan o limiten para alcanzar los objetivos fijados.

e) Los seres humanos construyen sus modelos del mundo a través de su sistema nervioso; de ese modo estructuramos circuitos neurológicos, activando o desactivando áreas cerebrales que se consolidan progresivamente, formando programas fijos establecidos para conocer o reconocer (subjetivamente) el mundo. Cada mapa del mun-

do pesonal está hecho de programas neuro-
lingüísticos; éstos son explicitados e interiorizados
a través de las reacciones neurológicas, consecuencia de las estructuras lingüísticas y paralingüís-
ticas utilizadas. Así pues, hay una profunda interacción o relación entre lenguaje y mapa. Es
decir, expresamos y nos comportamos según el
contenido implícito del modelo neurológico que tengamos del mundo.
Somos como pensamos.
Nada que no esté dentro de nosotros puede ser
exteriorizado de modo alguno.

f) Mente y cuerpo forman un sistema cibernético.
Incluso llegando un poco más allá, afirmamos que
mente, cuerpo y consciencia (espíritu), constituyen un sistema cibernético. Para que el ser humano alcance un estado pleno y consiga comprender
el sentido auténtico de la vida, el sistema ha de
trabajar sincronizada, armónica y ecológicamen-
te, permitiendo que cada uno de sus tres niveles
—cuerpo, mente, espíritu—, actúe como les corresponde a cada uno de ellos no dando primacía
a ninguno en detrimento de los otros; y por supuesto, no permitiendo que ninguno suplante o
anule a los demás o lo que es lo mismo, constitu-
yendo una unidad sistémica..

g) Las posibilidades individuales son una función
del desarrollo y encadenamiento de las diferentes
modalidades del sistema representacional. El sistema representacional es la codificación que utiliza nuestro cerebro una vez transformados los
impulsos sensoriales —vista, oído, olfato, gusto y
tacto—. La validez o capacidad de un individuo,

va a estar relacionada directamente con la forma en que enlace o secuencie esas transformaciones perceptuales.

h) En la medida que el mapa sea más rico, contenga mayor cantidad de términos de referencia, y sea más flexible (dispuesto a ampliarse), mejores posibilidades existirán para poder encajar en los elementos que se observen o intervengan en la situación y, por tanto, menor número de conflictos se pueden presentar.

La comunicación y las relaciones no actúan por un simple sistema de acción-reacción: LAS INTERACCIONES HUMANAS NO SON UNA FUNCIÓN DE LAS CADENAS LINEALES DE ESTÍMULO-RESPUESTA, SINO UN CIRCUITO SISTÉMICO DE *FEEDBACK*.

Cuando intervenimos y nos relacionamos con otros seres humanos, estamos recibiendo constantemente y emitiendo *feedback*, que nos sirve para reaccionar, valorar y corregir los impactos comunicativos que producimos, lo que provoca a su vez que nuestro interlocutor proceda de igual modo actualizando constantemente la interacción. Por tanto, la comunicación no actúa encadenadamente o linealmente, como pensaban las viejas escuelas, sino que retroalimenta al emisor en función de la respuesta, creando así un circuito autorregenerado permanentemente.

i) Un hecho no tiene la misma trascendencia que cualquier otro, ya que en su existencia están presentes los elementos condicionantes de cualquier circunstancia humana: lugar, tiempo y gente. Por tanto, un comportamiento, experiencia o respuesta puede servir como recurso o limitación, dependiendo de cómo está secuenciado, puntuado o en qué contexto. Muchos de los fracasos del hombre vienen dados por pensamientos correctos en compañía inadecuada; acciones incorrectas en compañía correcta o compañías incorrectas en momento adecuado.

j) Los sistemas cibernéticos se mueven en dirección a la adaptación, es decir, buscan el equilibrio permanentemente o la supervivencia. El propósito de todo comportamiento es adaptativo (intencionado positivamente), o era adaptativo en el contexto original en que fue generado. Podríamos definirlo también como: toda conducta, todo comportamiento tiene una intención positiva o tendente a conseguir un beneficio a quien la realiza. Las aparentes maneras degradantes o autolesivas, incluso aquellas socialmente inadecuadas, buscan subyacentemente una satisfacción y una salida más beneficiosa (aunque sea lesiva para otros) para el sujeto.

Es de suma importancia tener presente este principio en nuestras interacciones, ya que para alcanzar o establecer una comunicación eficaz con cualquier individuo que actúa del modo anteriormente descrito, es necesario salvaguardar su intención positiva —el beneficio que espera alcanzar— adecuando y considerando ese interés principal; de otro modo resultaría ineficaz la comunicación.

k) Los sistemas cibernéticos están organizados en diferentes niveles lógicos de estructura. No todos los elementos de un sistema se encuentran en el mismo nivel de desarrollo, o especialización; ni todos ellos poseen la preparación o la disposición para ejecutar el mismo tipo de funciones.

l) Las personas siempre eligen la mejor opción disponible dadas las posibilidades y capacidades que son percibidas como utilizables a partir de su propio modelo de mundo. Cualquier comportamiento, por más loco o extraño que sea, es la mejor elección disponible para la persona en un momento dado, de acuerdo con su modelo del mundo. Si se diera una elección más apropiada (dentro del contexto de su propio modelo de mundo) ella automáticamente la escogería.

Ya has fijado tu objetivo para la comunicación, ya has aceptado que tu interlocutor tiene su propio mapa y modelo del mundo. El siguiente paso es identificar la congruencia o incongruencia de los mensajes que nos dan los demás.

SABER
SI NOS
MIENTEN

Se pilla antes
a un mentiroso
que a un cojo.
REFRANERO

El éxito de la comunicación está en función de nuestra habilidad en conocer a nuestro interlocutor de manera rápida y precisa.

La apreciación de que existe congruencia entre el mensaje verbal y la comunicación no verbal del emisor y el receptor es un requisito indispensable para que sintamos la confirmación de que recibimos el mensaje con claridad y exactitud, y que se corresponde realmente con la información que el otro desea transmitirnos. O lo que es igual, que no nos engaña —que lo emitido y lo pensado no es lo mismo—. No se trata de hacer comprobaciones exhaustivas, sino más bien es apreciar una sensación global de coherencia. La demanda de más información sobre el contenido cuando el mensaje que no resulta suficientemente claro es completamente necesaria para evitar errores inútiles, o para salir de la duda de si es verdad lo que se nos transmite.

En PNL disponemos de una extensa gama de herramientas que nos facilitarán modelos adecuados para conseguir la tipificación de las estrategias de

47

pensamiento, e incluso la personalidad (creencias, valores, criterios, metaprogramas), de cualquier interlocutor con el que nos relacionemos. Para ello tendremos que prestar especial atención a los siguientes aspectos, tanto de nosotros mismos como emisores, como de los otros, como receptores. Y viceversa; de ellos como emisores y nuestros como receptores.

¿De dónde procede la información que necesitamos para comprobar la existencia de congruencia o incongruencia? No tenemos otras fuentes que los datos sensoriales que recibimos, y que son:

a) CANALES SENSORIALES DE PERCEPCIÓN

- Vista
- Oído
- Cinestesia
- Olfato
- Gusto

b) PERCEPCIÓN SELECTIVA

c) INTENSIDAD DEL ESTÍMULO

d) VARIACIONES EN EL ESTÍMULO

e) FACTORES FISIOLÓGICOS

Y también la modalidad utilizada dentro del sistema representacional, y que por el emisor y por el receptor puede ser:

- Visual
- Auditivo
- Cinestésico
- Olfativo
- Gustativo

A partir de ahí, intervienen de igual forma las representaciones internas que construyamos, tanto nosotros como nuestros comunicadores. Aquí es necesario determinar el grado de subjetividad en la construcción, puesto que en los procesos cerebrales que realizamos participan:

- Recuerdos
- Creencias
- Valores
- Actitudes
- Expectativas

CAPTAR LAS SUTILEZAS.

Darnos cuenta de las micro-conductas o micromovimientos, aquello que para otras personas resulta difícil o incluso imposible de observar, es la habilidad que llamamos *Calibrar*. Se trata de una capacidad que podemos desarrollar y que nos permite observar los cambios en el conjunto del comportamiento no verbal, por minúsculos que sean, y que se producen en la fisiología de cualquier sujeto durante nuestra interacción.

La calibración la definiríamos como observación detallada y precisa de todas las variaciones que se producen a escala analógica en un sujeto en dos secuencias de tiempo diferentes y seguidas, es decir, una medición detallada de los cambios.

La calibración se obtiene mediante la observación de la fisiología y del lenguaje no verbal de nuestros interlocutores para poder registrar los diferentes mensajes que cada canal orgánico produce, y si éstos se presentan como señales múltiples o unificadas. Ello nos permitirán atender y darnos cuenta de si existe congruencia o incongruencia en el conjunto de la información.

Cuando los mensajes que un individuo ejecuta por medio de los diferentes canales de expresión (postura corporal, movimientos, tono de voz, respiración, palabras) no forman un bloque coherente en la transmisión de una señal única, decimos que existe incongruencia.

Por ejemplo:

Llamémosle A a la parte digital o de contenido de la frase que nos dice una persona: *Yo hago lo que puedo por ayudarla; la quiero tanto...*

De otro lado, la parte analógica o de relación, que acompaña a la frase anterior, es expresada y compuesta por:

a) Cuerpo rígido.

b) Respiración irregular.

c) Mano izquierda extendida, el índice apuntando al frente.

d) La mano derecha apoyada en el regazo.

e) Voz áspera y chillona.

f) Ritmo rápido del habla.

En PNL consideramos que:

COMUNICACIÓN = A + (a+b+c+d......+n)

Para nosotros existe un paramensaje por cada canal de expresión. Todos corresponden al mismo nivel lógico. Se entiende, entonces, que existe congruencia cuando todos los paramensajes van de acuerdo, encajan entre sí con coherencia. En el caso contrario es como si un individuo tuviese partes en conflicto, ninguna de ellas tiene éxito en conseguir lo que quiere, sino que intentan sabotearse la una a la otra. Esto evidencia que la persona tiene dos o más mapas incompatibles. Estos fragmentos en brete adoptan la forma de dos generalizaciones contradictorias que se aplican a una misma área de comportamiento. Las incongruencias se captan siempre, consciente o inconscientemente, y quedan registradas aunque nosotros no nos percatemos (conscientemente) o pensemos que nuestro interlocutor no se ha dado cuenta (porque no nos lo ha hecho saber).

Una manifestación común de incongruencia sería la siguiente:
Dice: «*Me siento cómoda y relajada*».
Manifiesta:
• Sentada al borde de la silla.
• Moviendo inquietamente uno de los pies.
• Respiración alta y entrecortada.
• Movimientos de estiramiento y contracción de cuello, labio inferior y hombros.
• Velocidad exagerada al hablar.
• Voz entrecortada, etc.

Una manifestación congruente la encontraríamos:
Dice: «*Me siento cómoda y relajada*».
Manifiesta:
• Sentada plenamente en la silla con la espalda apoyada en el respaldo.

- Piernas cruzadas cómodamente descansadas.
- Respiración profunda, tranquila y abdominal.
- Cuello distendido, hombros relajadamente caídos y boca suavemente entreabierta.
- Habla pausada y serena.
- Voz suave y rítmicamente sosegada.

Éstos serían dos ejemplos contrastados de ambas manifestaciones. En la mayoría de los casos es nuestro sentido común el que nos dice si una persona es o no congruente, pero lo que pretendemos con la «comunicación de impacto», y en PNL, es optimizar el sentido común ya que, en definitiva, las técnicas a las que nos remitimos no son otra cosa que el manejo consciente de nuestro sentido común.

Para aprender a detectar las sutilezas en el lenguaje no verbal, desarrollaremos, ante todo, una agudeza sensorial y una capacidad de concentrar la atención, sin las cuales difícilmente lograríamos descubrir las más burdas alteraciones en la fisiología de alguien. ¿A qué debes prestar atención cuando quieres detectar los cambios? A todo lo que se indica:

MOVIMIENTOS OCULARES. En qué dirección se mueven las pupilas, de modo que identifiquemos la modalidad del sistema representacional —un poco más adelante hablaremos de él— que el sujeto usa en ese momento.

RESPIRACIÓN. Atendiendo al ritmo y a la localización (clavicular, torácica o abdominal), ya que son datos muy significativos sobre los estados y accesos de la persona. Ten en cuenta que una persona relajada y otra nerviosa respiran de diferente manera. Una persona que teme ser descubierta en una mentira se sentirá inquieta y tensa, y por tanto su respiración será agitada.

CAMBIO EN EL TAMAÑO de pupilas, labio inferior, e incluso de los poros, cuando seamos expertos en calibrar. Cuando alguien se encuentra tranquilo, sus pupilas se dilatan y su labio inferior aumenta de tamaño, no espectacularmente, pero sí es posible percibir su incremento.

CAMBIOS EN LA COLORACIÓN DE LA PIEL. Cosa que a la mayoría no nos pasa desapercibida cuando éstos son bruscos. Sin embargo, dependiendo de las alteraciones que se producen a lo largo de una conversación, hay frecuentes modificaciones en la irrigación sanguínea epidérmica, y son suficientemente significativos. ¿Quién no se ha sonrojado al encontrarse en una situación comprometida? ¿Conoces a alguien que no enrojezca al mentir?

TONO Y MOVIMIENTO DE LOS MÚSCULOS FACIALES. Estas tensiones y relajaciones dan lugar a gestos y expresiones, unas veces muy evidentes, y otras aparentemente imperceptibles, pero que tenemos que alcanzar a percatarnos de ellos. Cuando no nos gusta algo contraemos el entrecejo; cuando dudamos o nos cuestionamos algo, es muy frecuente arrugar la frente; cuando nos encontramos tensos, solemos comprimir las mandíbulas.

POSTURA CORPORAL. Simetría, orientación, inclinación. Posición de la cabeza con respecto al resto del tronco; ladeos, movimientos de afirmación y negación, de duda, tensión, inquietud, etc. Ángulo de los hombros comparado con tronco y cabeza. La cabeza habla antes de que lo haga la boca.

MOVIMIENTOS Y GESTOS DE MANOS Y DEDOS. Puños cerrados, manos tensas, cruzadas, dedos extendidos, etc., todo ello comunica estados de ánimo en la persona.

TEMPERATURA Y HUMEDAD DE LA PIEL. Observable fácilmente a través de la transpiración.

CUALIDADES VOCALES. Tono, ritmo, volumen, timbre, cadencia, etc., que en función a sus variaciones denota los cambios internos que se producen.

PREDICADOS VERBALES. Palabras y frases que nos remiten al sistema representacional que más valora el sujeto en ese contexto en particular.

En el gráfico siguiente, podemos apreciar globalmente los aspectos a tener en cuenta al calibrar. Para realizar la lectura al principio, haremos un barrido de observación discreta de arriba abajo:

- Arrugas de la frente.
- Ojos.
- Pómulos.
- Boca.
- Comisuras y labios.
- Mentón.
- Músculos maxilares.
- Glotis.
- Venas yugulares.
- Respiración.
- Calidades vocales.

- Coloración y humedad de la piel.
- Eje de simetría corporal.
- Inclinación de la cabeza.
- Inclinación de los hombros.
- Posición y gestos de manos y dedos.
- Apoyo general del cuerpo.
- Posición y movimientos de los pies.

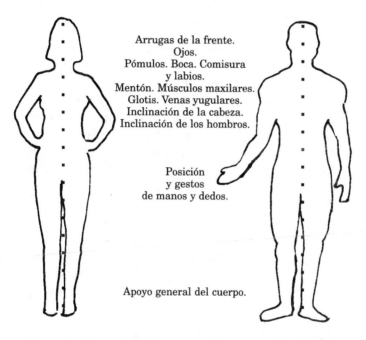

Arrugas de la frente.
Ojos.
Pómulos. Boca. Comisura
y labios.
Mentón. Músculos maxilares.
Glotis. Venas yugulares.
Inclinación de la cabeza.
Inclinación de los hombros.

Posición
y gestos
de manos y dedos.

Apoyo general del cuerpo.

La práctica que se presenta a continuación es idónea para acostumbrarse a calibrar en cualquier momento y lugar.

EJERCICIO
Lo primero que tienes que hacer una vez que decidas iniciar la realización de esta destreza, es fi-

jar un momento del día en el que puedas disponer de veinte o treinta minutos para dedicarte a ella. Es necesario que lo hagas todos los días, hasta que este tipo de observación se transforme en competencia inconsciente en ti.

Busca un lugar concreto en el que puedas observar cómodamente a la gente (cafetería, restaurante, pub, aeropuerto, parque de atracciones, etc.). A continuación haz lo siguiente:

1º. Una vez acomodado en el lugar idóneo, toma un bloc de notas y un bolígrafo. Mantente atento y relajado. Elige una persona sobre la que vas a realizar tus observaciones y préstale toda tu atención durante los cinco o diez primeros minutos. Ni que decir tiene que es conveniente la máxima discreción; para ello incluso puedes utilizar gafas de sol para no molestar con tu mirada a quienes van a servirte de «cobayas».

Aíslate de todos los sonidos y de todas las sensaciones, en especial de los que procedan de la persona que estás observando. En el cuaderno irás anotando los detalles y paramensajes de los aspectos visuales de esa persona, atendiendo principalmente a tres de los siguientes puntos:

a) Manos de la persona. Movimientos, lateralidad, coordinación, expresividad, etc.

b) Expresión facial. Frente, entrecejo, parpadeo, boca, mejillas, cejas, etc.

c) Sistema de accesos oculares más significativo o dominante.

d) Respiración de la persona. Superior, tórax, abdominal, completa, profunda, agitada, etc.

e) Pies y piernas. Movimientos, formas de cruce, posiciones, etc.

f) Simetría corporal. Relación e inclinación de cabeza, cuello y hombros.

Es conveniente que alternes día a día tu foco de atención a tres diferentes aspectos, y los tres últimos días lo hagas globalmente, es decir, a los seis apartados indicados.

Cuando lleves observando durante esos cinco o diez minutos a la primera persona, cesa tu observación para atender a otra, con la que realizarás el mismo trabajo, y cuando transcurran de nuevo los cinco o diez minutos hazlo con una tercera.

Por último, analiza tu propia experiencia de observar a esas personas. ¿Qué es lo que más te ha costado? ¿Cómo te sentías? ¿Qué has aprendido de la observación? ¿Qué es lo que más te ha llamado la atención del trabajo? Etc.

2º. Cuando concluyas la primera fase del ejercicio, pasa a la siguiente. Durante los cinco primeros minutos dedícate a observar sólo una parte del cuerpo, es decir, si de la lista de aspectos a observar decides empezar por el rostro, atiende a la zona de la derecha y a continuación los comparas con los de la zona izquierda. Por ejemplo, si miras la zona de la derecha de la frente, intenta captar todas las arrugas que se forman, para a continuación compararlas con las de la izquierda; lo mismo debes hacer con las comisuras de los labios y mejillas. Encuentra los diferentes paramensajes que pudiesen estar manifestándose en ese sujeto. Anota las disimilitudes descubiertas.

En los diez minutos posteriores cambia de persona, pero esta vez no uses la lista, simplemente observa, y esta vez sin mirar directamente al sujeto. Para ello localiza un punto próximo al sujeto a una distancia de aproximadamente un palmo de él, donde fijar tu mirada desenfocada. La observación que quiero que realices ahora es el darte cuenta de dónde surgen las «incongruencias» en la persona. Dónde hay suavidad o falta de ella, si se producen brusquedades o no. Dedica a esta observación unos cinco minutos. Por último, elige a una tercera persona, y con el método de mirar que practicaste anteriormente, descubre cuál es la parte del cuerpo de este nuevo sujeto que expresa más, céntrate en ella e intenta de nuevo descubrir en esa zona la existencia de cualquier «incongruencia» por sutil que parezca.

La siguiente fase se refiere exclusivamente a la escucha, la anterior era de observación visual y ésta va a ser de observación auditiva.

3º. Una vez que te encuentres situado, localiza a otro sujeto al que puedas oír cómodamente sin levantar sospechas de indiscreción. Escucha con completa atención sin desviar ninguna parte de ella a la observación visual. (Si puedes ocultar tus ojos tras unas gafas de sol y mantener aquéllos cerrados, será aún mejor.)

Ahora prestarás especial atención a tres de los cinco aspectos siguientes durante siete a diez minutos, al cabo de los cuales cambiarás y proseguirás por igual tiempo. Al finalizar, comparas tus anotaciones descubriendo las incongruencias manifestadas entre los diferentes aspectos de este canal auditivo.

a) Las palabras, predicados verbales, frases y frases hechas más usuales, sentencias, afirmaciones categóricas más frecuentes que usa la persona.

b) Volumen de la voz y alteraciones de la misma.

c) Tono de voz.

d) Ritmo de la conversación. Rápido, lento, cuándo se producen los cambios en el ritmo.

e) Formas de entonación. Cómo termina las frases, cuándo cambia la entonación, qué palabras son las que remarca con el tono, etc.

Realizado este ejercicio durante unos diez o quince días, pasarás a la realización conjunta de las dos partes, la calibración visual y auditiva simultáneamente.

4º. En el lugar elegido sitúate de modo que puedas ver y oír a la persona escogida. Empieza por comprobar tres puntos de las distinciones visualmente constatables; pasa luego a otras tres auditivas y a continuación, compara tus anotaciones en el bloc, y analizas las incongruencias. Prosigue con el resto de las observaciones hasta comprobar toda la lista para tener la certeza de que tus calibraciones son las acertadas.
Una vez que esta tarea te resulte cómoda y fácil, pasa a prestar especial atención a la relación congruencia/incongruencia de los aspectos más indicativos en tantas personas como te sea posible: familiares, amigos, compañeros de trabajo, clientes, etc.

CREAR CLIMAS DE CONFIANZA Y AFECTO

Con buenas palabras
se puede negociar
pero para engrandecerse
se requieren buenas obras.

LAO TSÉ

Crear un clima de confianza, afecto o simpatía, se consigue por medio de una técnica con la que establecemos y controlamos estados de predisposición y apertura en otros. Se trata de la capacidad de implantar y generar una relación empática con cualquier interlocutor, mantenerla y canalizarla según la necesidad y conveniencia. Este método con el que ahora intimarás lo llamamos *rapport*.

Tanto en el plano consciente como en el inconsciente el *rapport* es imprescindible para establecer comunicaciones eficaces. Cuando una conversación, interacción o acercamiento entre personas está teniendo éxito, ya sea voluntaria y consciente, o involuntaria e inconsciente, ahí hay inevitablemente un *rapport*.

En ciertas ocasiones apreciamos cómo dos personas que dialogan amistosamente se mueven sincronizadamente, gesticulan simultáneamente, su tono de voz es similar, y esto ocurre porque sus mapas son compartidos, porque hay espacios mentales comunes que se entrelazan: se ha establecido *rapport*. Igual que, naturalmente, cuando dos individuos se conectan bien, existe un *rapport* natural, nosotros podemos provocar y generar una buena relación construyéndola a partir de establecer un *rapport artificial*, por decirlo de algún modo.

Nuestra actitud en el establecimiento de un buen *rapport* es sintonizarnos, acoplarnos para dirigir.

Para compenetrarse y acoplar a un individuo debemos atender a todos los aspectos de su comunicación, verbales y no verbales. Una vez hemos observado los detalles significativos de su comportamiento, nuestra tarea es igualar, reflejar, espejear o sintonizar nuestros movimientos a los de ese individuo. Para obtener un buen contacto-acoplamiento-sintonía se puede acompañar, igualar o «reflejar» cualquier movimiento de la otra persona, ajustando el nuestro hasta movernos juntamente con ella. En cuanto al lenguaje corporal, es importante calibrar y reflejar los siguientes aspectos fisiológicos no verbales o analógicos:

- Ritmo respiratorio.
- Localización respiratoria (abdominal, media o alta).
- Postura corporal.
- Ritmo y velocidad del habla.
- Tono de voz.
- Gestos (expresiones faciales, ademanes).

Una vez obtenida esta información, usaremos nuestro cuerpo para acoplar (reproducir los mismos movimientos), acoplar y acoplar durante el tiempo que sea necesario hasta que tanto nuestros gestos como los de él (o ella) sean uniformes, y luego nos centraremos en dirigir. Dirigir es ejecutar movimientos conscientes, para que una vez establecido el *rapport*, la persona siga realizando los mismos movimientos que nosotros hacemos.

El *rapport* genera una especie de sintonía que hace que el sujeto quede «enganchado» a nosotros, de forma que nuestros movimientos serán casi de inmediato repetidos por él (o ella). Es lo que ocurre naturalmente (sin establecer un *rapport* consciente) entre aquellas personas que se llevan bien, están en onda, o enamoradas, ambas realizan los mismos gestos, las mismas posturas, caminan al mismo ritmo, e incluso se interrumpen para decir las mismas palabras. El *rapport* produce el mismo efecto pero alcanzado consciente y deliberadamente. Es muy importante saber hacia dónde queremos dirigir a una persona, ya que un *rapport* sin objetivo, acaba por no servir de nada, o como mucho para mantenernos en un estado de agradable «cháchara».

Dirigimos a cada uno según su actitud

Para establecer un correcto acoplamiento, lo primero que hemos de hacer, es atender a los cambios externos observables. Usaremos la capacidad de calibración enfocando nuestra atención secuencialmente a las siguientes partes:

RESPIRACIÓN (ritmo y localización)

- Clavicular, tórax, abdomen.
- Pausada, agitada, rítmica, entrecortada.

TONO Y MOVIMIENTO DE LOS MÚSCULOS

Faciales:
- Frente, mentón, pómulos, boca, comisura de los labios, venas del cuello, glotis, entrecejo, etc.

Postura corporal:
- Simetría, orientación.
- Inclinación-apoyo de cuerpo.
- Forma de apoyarse: dos pies equilibrados, sobre un pie, inquieto, estático, aplomo, etc.

Expresiones faciales:
- Conjunto de gestos.
- Tic, arrugas, rasgos, etc.

INCLINACIÓN Y MOVIMIENTOS DE LA CABEZA

- Ladeada, equilibrada, movimientos de afirmación o de negación, asentada, suelta, coordinación con el conjunto corporal, etc.

ÁNGULO DE LOS HOMBROS

- Balanceados, torcidos, echados hacia delante, hacia atrás, encogidos, etc.

MOVIMIENTOS Y GESTOS DE MANOS Y DEDOS

- Cómo las mueve, las dos, solo una, dónde las coloca, cómo señala, qué hace con ellas.

CUALIDADES VOCALES

- Tono, ritmo, volumen, timbre, pausas...

Predicados verbales:
* Palabras usadas de referencia sensorial.

Una vez que nos hemos percatado del mayor número posible de peculiaridades de nuestro interlocutor, procederemos al acompañamiento, escalonadamente, como se indica a continuación:

1. ACOMPAÑAREMOS ÍNTEGRAMENTE EL CUERPO. Nos ajustaremos lo más posible a la postura que tenga la otra persona con la que interactuamos.

2. ACOMPASAMIENTO ESPECÍFICO DE PARTES CONCRETAS DEL CUERPO. Nos acoplaremos a movimientos peculiares del otro.

3. ACOMPAÑAMIENTO INTENSO DE LA PARTE SUPERIOR DEL CUERPO. Por ser ésta la zona más visible, tanto en el ámbito del consciente como del inconsciente, que es donde el *rapport* produce su máximo efecto.

4. CUALIDADES VOCALES ANÁLOGAS. Procuraremos ajustar nuestro tono al de la otra persona, en volumen y entonación.

5. EXPRESIÓN FACIAL. Atenderemos y adoptaremos lo más preciso que podamos, las expresiones faciales del otro.

6. GESTOS ESPECÍFICOS. Repetiremos los gestos de nuestro compañero de forma elegante y correcta en el tiempo, no dando lugar en ningún momento a malos entendidos, suspicacias o burlas.

7. Repetición de frases. Memorizaremos, y de tiempo en tiempo repetiremos las mismas frases, con la misma entonación de nuestro interlocutor.

8. Respiración. Ajustaremos nuestra respiración a su conducta respiratoria.

Existe un dicho oriental que sentencia: «Información sin experiencia, es lo mismo que un asno cargado de libros»; así que vamos a proponer una serie de prácticas para que nos acostumbremos, y para que «rompamos el hielo» de esta técnica que al principio nos produce cierto tipo de vergüenza, por si nos notan que la estamos usando. Te aseguro que si realizas el *rapport* de forma comprometida y profesional —no como un juego o entretenimiento—, no sólo no se darán cuenta, sino que advertirás cómo se te abren muchas puertas que antes permanecían cerradas para ti en la comunicación.

Antirapport

Rapport

Práctica de Rapport

PRIMER DÍA: Escoge una persona con la que te relaciones frecuentemente a lo largo de la jornada. Sin advertirle nada respecto del ejercicio que estás realizando, procederás del siguiente modo: ajusta tu cuerpo, globalmente, lo más exactamente que te sea posible, a las posturas sucesivas que adopte la otra persona. Es decir, si se sienta tú te sientas del mismo modo; si se levanta, tú haces lo mismo; si se mantiene de pie, haz igual, procurando poner tu cuerpo siempre en la misma postura. No te preocupes de nada más por el momento, sólo permanece atento a copiar la postura de tu compañero/a.

SEGUNDO DÍA: Después de haber pasado toda una jornada «espejeando», ya tienes asimilada una buena parte del trabajo. En este segundo día, añadirás —con la misma u otra persona distinta— al trabajo anterior el de acompasar ciertos movimientos peculiares: movimientos específicos, gesticulaciones personales, etc.; ese tipo de cosas que son particulares de esa persona. Si son muchas las peculiaridades, selecciona las más representativas, y ocúpate de emparejarlas.

TERCER DÍA: Centra tu atención en la parte del torso y cabeza del interlocutor escogido para este día. Olvídate por el momento de las otras partes de su cuerpo, y refleja esa zona, procurando ser lo más fiel e idéntico posible en todos los movimientos, gestos y ademanes.

CUARTO DÍA: Descansa de los acoplamientos físico-corporales. Hoy te concentrarás exclusivamente en la voz. Escucha con atención los matices y calidades vocales de tu colaborador secreto. Memoriza su tono, timbre, volumen, cadencia y velocidad. En un primer momento «imítalos» interiormente. Cuando creas que ya has captado su «forma sonora», úsala hablando con él (o ella). Sigue con esta práctica todo el día, buscando, cada vez más, un ajuste sutil y preciso.

QUINTO DÍA: Continúa como ayer, pero hoy incorporarás ciertas frases, tal vez muletillas o palabras que tu interlocutor repite o enfatiza frecuentemente. Escucha y memoriza esas peculiaridades lingüísticas que utiliza la otra persona y encájalas en tu conversación. No olvides el acoplamiento vocal (tono, timbre, volumen, cadencia y velocidad del habla).

SEXTO DÍA: Hoy retornarás a lo practicado en los tres primeros días, es decir, te esforzarás en reflejar los aspectos más sobresalientes del cuerpo y tórax, añadiendo el *rapport* vocal. Practícalo toda la jornada.

SÉPTIMO DÍA: Durante la sesión descansarás del esfuerzo de ayer y sólo atenderás a las expresiones faciales y gestos, centrándote en la cara. Debes aprender a manejar tus músculos faciales con soltura y fluidez, ajustándolos a los mismos movimientos que inconscientemente él o ella ejecuta. Observa y repite cualquier cambio por mínimo que sea. Pero es muy importante que seas respetuoso y elegante en copiarle; bajo ningún concepto debes herir la sensibilidad de tu interlocutor. En nuestro trabajo la cortesía y el respeto son principios fundamentales y obligatorios.

Octavo día: La respiración es el foco al que prestas atención durante la jornada. Cómo respira, qué zona es la que utiliza, cuál es su amplitud, si se entrecorta, o es distendida y continua, etc.; y luego ajustarás la tuya a esa conducta respiratoria observada. Tal vez éste sea el paso más complicado por la poca atención que se le presta a este factor, por lo que el esfuerzo de observación tendrá que ser mayor. Si requieres algunos días más para darte cuenta de la respiración de los otros, tómalos, porque es el área de mayor impacto en el *rapport*, y un ajuste correcto en ella equivale posiblemente al perfecto acoplamiento de todo lo demás.

Cuando consigas detectar la respiración, ocúpate en acompasarla. Casi te diría que lo demás se dará por añadidura.

Noveno y décimo día: Haz *rapport* completo, lo más conscientemente posible y durante todo el tiempo que puedas.

Undécimo día: Después de tener durante un buen rato establecido un adecuado *rapport*, decide qué movimientos quieres ejecutar para que tu interlocutor te siga.

No olvides que tan importante como realizar un correcto *rapport*, es adecuarnos al contexto en el que se desarrolla.

En cierta ocasión el Mulá Nasrudín, que sabía de la fama, renombre y bienestar económico de que disfrutaban los médicos, decidió dedicarse a la medicina, y arguyó:

«Los doctores disponen de una consulta, con mesa, sillas y cuadros colgados en la pared, algunos incluso tienen huesos o cráneos colocados en los estantes y, además, llevan una bata blanca.»

Pensado y hecho, en una habitación de su casa montó el despacho con todos los adornos que necesitaba, y puso un cartel en la puerta que anunciaba: «Consulta terapéutica».

Al poco tiempo se le presentó el primer paciente:

—Buenos días. ¿Cuál es su problema? —preguntó nuestro amigo.

El paciente comenzó a explicar su dolencia, y Nasrudín, como buen profesional, estableció un correcto *rapport* verbal y no verbal acompasándolo en todo. De pronto, y sin mediar palabra, el cliente se levantó sobresaltado y salió corriendo de la consulta.

Más tarde entró otra persona, y como la anterior, a pesar del magnífico *rapport* que Nasrudín estableció con él, también salió corriendo.

Sin saber la causa de las súbitas estampidas de sus clientes, el Mulá fue a ver a un amigo y le contó la situación:

—He montado la consulta con todos los requisitos que exige la profesión: mesa, sillas, huesos, cuadros, e incluso un cartel. Pongo en acción toda mi simpatía, *rapport* y conocimientos profesionales, sin embargo, todos los que vienen a mí, al poco de entrar salen corriendo. ¿A qué crees que se debe tan extraña actitud?

El amigo acompañó a Nasrudín a su casa para echar un vistazo a las instalaciones y poder así dar su veredicto. Nada más entrar en el despacho y mirar lo que allí había el acompañante exclamó:

—Todo está muy bien, salvo un par de cosas que es por lo que la gente sale corriendo: las quijadas de asno que tienes sobre la mesa, y el retrato de tu burro que tienes colgado justo a tu espalda.

SEPAMOS CÓMO PIENSAN LOS DEMÁS.

Somos como pensamos.

BUDA

Éste ha sido siempre, desde que el hombre bajó de los árboles, el gran reto al que filósofos, pensadores, y más recientemente psicólogos, se han enfrentado buscando resolverlo. El fracaso en casi todos ellos estaba en la forma de plantear el dilema: ¿Qué es lo que piensa el hombre? En vez de cuestionar... *¿cómo piensan las personas?*

Con la metodología y técnicas de PNL, hemos dado con las claves que nos permiten detectar el modo de pensamiento, es decir, la FORMA en que realizan los procesos mentales. No estoy diciendo que alcancemos a conocer el contenido de las ideas, sino los mecanismos que operan y cómo operan. Para ello, las herramientas de que disponemos son las de la calibración —que ya hemos visto— y la detección del sistema representacional, patrones del metamodelo y metaprogramas, que seguidamente explicaremos y abordaremos.

De sobra es sabido que actuamos según pensamos. Aunque creamos que podemos hacer creer a otro algo distinto de aquello que estamos pensando, estamos en un gran error, si aprendemos a manejar las claves que nos suministran ese noventa y tres por ciento del lenguaje no verbal al que ya nos hemos referido. Al calibrar podemos percatarnos de ciertos cambios o alteraciones fisiológicas, que nos van a servir como términos de referencia para detectar qué está ocurriendo en el interior de la otra persona. Esos términos de referencia son:

- SISTEMA REPRESENTACIONAL
- PATRONES DE LENGUAJE
- METAPROGRAMAS

SISTEMA REPRESENTACIONAL es el nombre dado a la forma en la que a partir de nuestros órganos de percepción, codificamos y procesamos la información en nuestro cerebro. Puede tomar la cualidad de visual, auditiva, cinestésica, olfativa y gestatoria, dependiendo de que el órgano de percepción implicado sea la vista, el oído, la sensación, el olfato o el gusto, respectivamente.

LOS PATRONES DE LENGUAJE son los modos en que usamos las palabras, la construcción de frases y la ausencia o presencia de una estructura lingüística correcta, según las estructuras establecidas del metamodelo —es decir, modelo utilizable universalmente— que se dan para un lenguaje adecuadamente hablado. Estos patrones proceden de las estructuras profundas de la mente, y manifiestan la naturaleza de la misma y las limitaciones existentes en el mapa de la persona. También lo conocemos como metamodelo de lenguaje.

Los METAPROGRAMAS son las estrategias de pensamiento automáticas firmemente adheridas y que operan inconscientemente. Estos programas están presentes en cualquier ser humano, y se manifiestan a través del lenguaje y de la actitud de la persona a la hora de comunicarse o actuar.

Sistema representacional

Un buen comunicador debe hablar imprescindiblemente tres idiomas: el visual, el auditivo y el cinestésico.

¿Y cuáles son esos tres idiomas?

Como seres humanos, nuestros comportamientos vienen formados por los sistemas de percepción que nos permiten operar dentro del entorno en el que nos desarrollamos.

Estos sistemas de percepción son: la visión que opera por medio de la vista, la audición que opera por medio del oído, el oler y gustar operativos por medio del olfato y el gusto, y la cinestesia que procede de nuestras sensaciones corporales.

El modelo de Programación Neuro-Lingüística presupone como veíamos en sus postulados iniciales, que todo lo que conocemos, experimentamos, pensamos y sentimos es fruto de nuestras representaciones internas, o lo que es lo mismo, del modo en el que construimos la experiencia subjetiva a partir de las percepciones sensoriales transmitidas por nuestros órganos sensoriales, y que fuera de ello no es posible tener ningún otro tipo de experiencia. Asimismo, afirmamos que estos procesos de percepción —ver, oír y sentir— los podemos codificar, y acercar su uso para una mayor utilidad. Las bases de este código son las iniciales de cada uno de los sistemas de percepción o modalidades perceptuales:

V Para el visual - Vista
A Auditivo - Oído
K La cinestesia (sensaciones corporales)
O/G Olfativo y gustativo: olores y sabores.

A estas agrupaciones extensas que hacemos de nuestros modos de construir las representaciones internas las llamamos «modalidades» (modos). Dicho de otra manera, las «modalidades» son los paquetes de información según el acceso —canal de percepción— utilizado y que conforman las estructuras de la experiencia subjetiva. Cada «modalidad» o clase perceptual forma un complejo sensorial y motor que llega a ser capaz de una respuesta para alguna clase de comportamiento. A estos complejos senso-motores en su conjunto es lo que llamamos Sistema Representacional.

No es posible, como puedes comprobar por ti mismo, estructurar un pensamiento sin que participe al menos una de estas modalidades. En todos los casos intervienen, si no todas, al menos una, ya sea la visual (con imágenes recordadas o creadas), la auditiva (con sonidos, palabras que recordamos o nos decimos internamente en ese momento), cinestésica (sintiendo, percibiendo las sensaciones internas o externas del recuerdo) o incluso la olfativa-gustativa en algunos casos (recordando los olores o sabores de nuestra experiencia de referencia).

En el contexto de la PNL, toda conducta, todo comportamiento, ya sea aprender, realizar cualquier actividad, recordar, decir, hacer algo, comunicarnos y generar cambios, todo ello es el resultado de secuencias de representaciones internas ordenadas sistemáticamente. O lo que es igual, lo que decimos, hacemos o pensamos es el resultado de combinar diferentes modalidades en un momento dado. Y por lo visto anteriormente, se puede codificar o simplificar a una secuencia de letras (V/A/K/O/G) encadenadas la una a la otra.

Por ello, afirmamos que cualquier conducta deficiente, una vez reconocida y codificada, es susceptible de cambio. Y lo mismo ocurre con las conductas eficientes, que una vez reconocidas y codificadas son susceptibles de reproducirlas en uno mismo o en otros. Ya que entendemos que los seres humanos no operamos directamente sobre la realidad del mundo que estamos experimentando, sino a través de las transformaciones sensoriales que realizamos.

Para nosotros, la «verdad» no es más que una creencia subjetiva, y nada tiene que ver con realidades absolutas y externas de manera general. Cada cultura, cada pueblo difiere de sus vecinos, y lo que para uno es «bueno» para el de al lado es «malo»; lo que para unos es «verdad», para otros es «falsedad»; lo que para unos es «legal», para otros es «punible». De igual modo, la PNL tampoco es la realidad absoluta, sino una metáfora, como muchas otras, o también. si quieres, un modelo, que muy bien le sirve al usuario para generar nuevas y más eficaces opciones de conductas útiles y rápidas. Lo importante para nosotros no es que la PNL sea o no una verdad absoluta, lo que realmente nos interesa es si funciona o no, y de hecho, la PNL funciona, y muy bien. Así que no seamos estúpidos y usémosla.

Nuestro sistema representacional constituye los elementos individuales y de estructura de nuestros propios modelos de conducta. Los elementos del sistema representacional (V/A/K/O/G) organizados en una secuencia determinada, son lo que llamamos estrategias. Así pues, cada uno de nosotros construye los pensamientos basándose en el sistema representacional, y también, como cada uno de nosotros somos diferentes de los otros, tenemos preferencias a la hora de utilizar una u otra modalidad del mismo. ¿Qué quiero decir con esto? Que existen personas en las que predomina (aunque sea en determinados momentos) la modalidad visual, en otras, la auditiva y en otras, la cinestésica. Y que si al dirigirnos a cada una de ellas no lo hacemos en su «lenguaje», parte de la información se perderá. Por ello anunciaba al inicio de este capítulo que un buen comunicador debe hablar tres idiomas: visual, auditivo y cinestésico.

Uno de los fundamentos de nuestro modelo de PNL, posiblemente el más importante, es la identificación y modificación de estrategias, tanto personales como ajenas. Esta parte del libro está enfocada a tratar de obtener, identificar, utilizar, diseñar e instalar estrategias que nos permitan operar en nuestro entorno y generar las modificaciones que deseemos. El primer paso para poder conocer, organizar y modificar las estrategias es la identificación de cada uno de sus elementos, es decir, de cada una de las partes que la forman: el sistema representacional y sus enlaces correspondientes. Dado que existe esa conexión directa, cada vez que hay actividad en un órgano sensorial y su correspondiente área hemisférica, aquélla se manifiesta igualmente en otros movimientos musculares.

¿Cómo se pueden distinguir las estrategias si operan a niveles subconscientes en la mayoría de los casos? La forma desarrollada para reconocer las modalidades utilizadas dentro de una estrategia en un determinado momento, es a través de lo que llamamos «claves de acceso».

¿Qué son y cuáles son esas claves de acceso a las modalidades?

A la primera parte de la pregunta responderé que se trata de ciertos comportamientos sistematizados que nos permiten, ejecutando ciertas funciones corporales, afectar a nuestra neurología y de ese modo acceder a una modalidad de nuestro sistema representacional de forma más poderosa o prioritaria que a otra. O también, cuando realizamos ciertos movimientos o micro-conductas es señal de que estamos utilizando una determinada modalidad del sistema representacional. Por tanto, las «claves de accesos», serían las señales fisiológicas observables que nos indicarían qué modalidad (visual, auditiva o cinestésica) está utilizando una persona en cada instante.

Imagina por un momento lo más vivamente posible el modelo y color de tu coche. Como supongo que no lo tendrás delante mientras lees, lo único que has tenido que hacer para recordarlo, y traer su imagen, ha sido organizar tus sistemas corporales y neuronales para poder representar en tu mente esa imagen visual interna del coche y que sobresale de otros sistemas, como el auditivo, cinestésico, etc. Si por el contrario, tienes el coche delante, la operación que ejecutarías sería distinta, y tanto tu cuerpo como tu sistema neurológico actuarían de forma que te permitiera enfocar visualmente al exterior para recibir la experiencia sensorial correspondiente. Si creaste una imagen visual interna, tal vez pudiste observar que, para ello, debiste desenfocar los ojos momentáneamente y en ese instante tanto las letras como el conjunto de lo exterior se hizo borroso. Puede también que miraras a otro sitio para recurrir de ese modo a la imagen pretendida, y llevases tus ojos hacia arriba. Pudiste incluso no fijar la vista en nada dejando la mirada perdida, o cerrar los ojos. Es posible, no sé si también lo notaste, que tu respiración se modificó sutilmente. Incluso, tal vez, moviste los hombros y los inclinaste adelante. Y otros varios aspectos que han sido los que te permitieron cómodamente tener acceso a esa imagen pretendida.

Generalmente decimos cómo pensamos, o lo que es igual, al hablar describimos las secuencias (modalidades) que en cada paso de la estrategia mental que estamos utilizando vamos siguiendo. Veamos un ejemplo de lo que digo:

Un profesor acaba de finalizar su charla habiendo dado una lección magistral.

Profesor: ¿Veis lo que he querido que imaginéis?

Alumno 1: No, yo no he entendido lo que ha dicho. Todo me suena a chino.

Alumno 2: A mí tampoco me ha llegado, me siento bloqueado.

Alumno 3: Pues para mí sus imágenes han sido muy claras y diáfanas.

No olvidemos nunca que la respuesta que obtenemos de nuestros oyentes va a depender de lo flexibles que nosotros seamos a la hora de tratar a cada uno de los interlocutores. No existen interlocutores torpes, sino comunicadores incompetentes para transmitir como los oyentes requieren.

Analicemos el ejemplo:

⇨ El alumno 1 utiliza preferentemente el sistema (modalidad) AUDITIVO para su estrategia de comprensión. Como el profesor no ha usado suficientes términos auditivos, «no ha entendido lo que ha dicho».

⇨ El alumno 2 maneja preferentemente la modalidad CINESTÉSICA para esa misma estrategia y, por tanto, «no le llegan» las explicaciones por no haber tenido explicaciones con términos cinestésicos en la exposición del orador.

⇨ El alumno 3, que es eminentemente VISUAL en el manejo de su estrategia, tiene «imágenes claras y diáfanas», y manifiesta la comprensión debido a que el profesor utilizó un lenguaje visual a la hora de transmitir la información.

¿Cuáles son las consecuencias de manejar diferentes modalidades o modalidades exclusivas en la comunicación?

- Incomprensión de la información transmitida.
- Fracasos lectivos.
- Incomunicación entre parejas.
- Dificultades en las ventas.
- Malos entendidos con los clientes, socios y empleados.
- Problemas en las relaciones comerciales.
- Bloqueos en las negociaciones.

Todo esto radica en el hecho de que el sujeto habla permanentemente en una modalidad del sistema representacional sin tener en cuenta las modalidades (V/A/K) preferidas, dominantes o más utilizadas por sus interlocutores. Los alumnos del ejemplo no entendían o no archivaban la información al no recibirla por su canal preferente. El simple cambio y adopción del sistema del alumno permitirá al profesor llegar a cualquier estudiante.

Esto nos conduce inexcusablemente a la necesidad de que, como comunicadores en busca del éxito, tengamos que utilizar en nuestras explicaciones el mismo lenguaje o, más correctamente, un lenguaje del mismo sistema o modalidad representacional que use nuestro interlocutor. Es decir, si la persona que tenemos frente a nosotros es auditiva, tenemos que decir las cosas utilizando un mayor número de predicados verbales o frases de tipo auditivo; si es cinestésico, predicados o palabras cinestésicas; y si es visual, visuales. O mejor aún, cuando hablemos, digamos o expliquemos las cosas tres veces, de tres modos diferentes, uno por modalidad (visual, auditiva y cinestésicamente), si es que hay mucho público, o no sabemos la modalidad preferente de nuestro interlocutor.

Pero ¿cómo podemos saber cuál es la modalidad del sistema representacional más altamente valorada por las otras personas?

Existen diferentes métodos, además de un test para identificar el sistema de mayor uso en cualquier sujeto.

Uno de ellos, y probablemente el más llamativo, es el de los ACCESOS OCULARES.

Ahora vamos a realizar un ejercicio para que te percates de los cambios que se producen en tu fisiología al sintonizar con una u otra modalidad de representación.

Tómate un minuto para relajarte un poquito, y recuerda sensorialmente. Entra en contacto con la sensación que tuviste la última vez que te sentiste azotado fuertemente por una tormenta de viento. Procura observar todo lo que ocurre en ti. Hacia dónde van tus ojos, cómo se coloca tu cuerpo, qué ocurre con tu respiración. Todos esos detalles que has podido comprobar, son los mecanismos que físicamente utilizamos para ponernos en contacto con una u otra modalidad del sistema representacional. Las iremos estudiando todas ellas empezando por la más sugerente: los movimientos oculares como «claves de acceso» al sistema representacional.

Los movimientos de nuestros ojos son como la palanca del cambio de marchas que, dependiendo de en qué lugar lo posicionemos tendremos acceso a una u otra de las diferentes modalidades. Lo que acabamos de decir sirve tanto para nosotros como para nuestros interlocutores. Mirando a los ojos de la persona que tenemos enfrente, sabremos qué modalidad está usando más intensa o reiteradamente.

SISTEMA REPRESENTACIONAL:

Identificación de accesos oculares

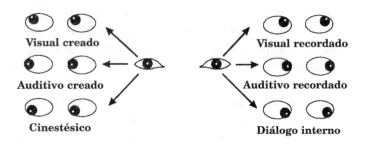

Visual creado
Auditivo creado
Cinestésico
Visual recordado
Auditivo recordado
Diálogo interno

Visual recordado: Vr
Visual creado o imaginado: Vc
Auditivo recordado: Ar
Auditivo creado o imaginado: Ac
Cinestésico o Kinestésico: K
Diálogo interno: D.I.

Estas indicaciones se refieren a los movimientos que todos los seres humanos ejecutamos con los ojos constantemente, y muy especialmente en los momentos en los que nos encontramos procesando información, ya sea para comunicar, comprender, analizar, recordar experiencias, hablar, escuchar, etc.

Las ubicaciones que se muestran en el dibujo corresponden a:

- Vr = Colocamos los ojos (miramos) hacia arriba a nuestra izquierda.

- Vc = Colocamos los ojos (miramos) hacia arriba a nuestra derecha.

- Ar = Miramos hacia el rabillo del ojo a la izquierda.

- Ac = Miramos hacia el rabillo del ojo a la derecha.

- K = Colocamos nuestros ojos abajo a la derecha.

- D.I. = Colocamos nuestros ojos abajo a la izquierda.

Otra postura a tener en cuenta es la del «teléfono», en la que inclinamos la cabeza hacia la derecha apoyándola sobre la mano correspondiente y miramos a la izquierda, lo que corresponde a un D.I.

Recordad que estos datos son siempre referidos al rostro de nuestro interlocutor, y también que en el caso de que la persona sea zurda los accesos suelen estar cambiados. Como práctica recomiendo que te acostumbres a observar los movimientos oculares que realizan las personas de tu entorno, y si puedes y dispones de alguien que quiera ejercitar contigo puedes realizar el siguiente ejercicio.

Hay otras claves de acceso o identificación del sistema representacional que iremos viendo a continuación, y que unidas a las que muestran los movimientos oculares nos permitirán, con un margen de error mínimo, identificar la modalidad dominante que un individuo está utilizando en cada secuencia de su comunicación o estrategia operativos.

Las personas que son eminentemente visuales, o usan con mayor frecuencia este sistema en un momento dado de su comunicación o construcción de estrategias, muestran los siguientes detalles fisiológicos:

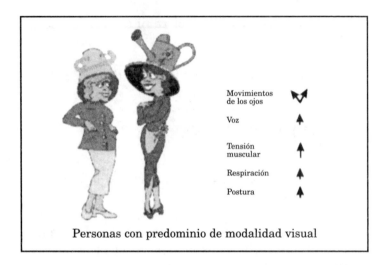

Movimientos de los ojos	
Voz	
Tensión muscular	
Respiración	
Postura	

Personas con predominio de modalidad visual

Hombros altos o los elevan en el momento de utilizar esta modalidad, parpadeo rápido e inquieto, respiración alta, rápida y superficial que incluso pueden retenerla para observar algo o construir internamente una imagen. En las personas con excesivo dominio de esta modalidad se suele dar una piel pálida. Cabeza inclinada hacia delante. Caminan con la punta de los pies. Se señalan a los ojos cuando hablan. Usan predicados verbales relativos a imágenes y visión. Tienen escasa expresión corporal. Manos muy móviles delimitando espacios y señalando hacia arriba.

Las personas que se manejan mentalmente a partir de la modalidad auditiva, presentan hombros balanceados, la cabeza suele estar echada hacia atrás como para oír mejor. Poseen un tórax desarrollado. Ejecutan movimientos controlados e intermedios, respiración tranquila, regular y casi siempre torácica. La piel puede ser uniforme y sonrosada. Se señalan el oído y se tocan frecuentemente la boca. Usan, como

Movimientos de los ojos	↔
Voz	↔
Tensión muscular	↔
Respiración	↔
Postura	↔

Personas con predominio de modalidad auditiva

es natural, predicados verbales relativos al hablar, decir, y al oír, sonidos, escuchar. Son personas atentas y que no se les escapa ningún sonido siempre que se trate de personas con orientación externa. Si tales personas están enfocadas hacia dentro, lo que llamamos «digitales», su atención se encuentra mermada por su continuo diálogo interior.

El eminentemente cinestésico suele mostrar unos hombros bajos y caídos. Cabeza firmemente apoyada en los hombros. Movimientos lentos, seguros y calmados. Gestos fuertes y firmes. Pies en la tierra. Gesticula hacia sí mismo, se toca y toca a los demás. Se mueve desde su vientre, relajado (o por lo menos da la sensación de estarlo). Piel sonrosada. Habla despacio y más grave que los otros. Respiración baja, abdominal, tranquila y profunda. Utiliza predicados verbales de sensaciones y de sentir, de materia, de tacto. Suele ser lento en sus respuestas motoras y verbales.

	Movimientos de los ojos	↙
	Voz	↓
	Tensión muscular	↓
	Respiración	↓
	Postura	↓

Personas con predominio de modalidad cinestésica

Bajo estas líneas puedes observar un cuadro resumen comparativo de las diferentes actitudes verbales y no verbales que adoptan cada uno de los grupos, o cuando usamos insistentemente una de esas modalidades.

Modalidad / Fisiología	VISUAL	AUDITIVO	CINESTÉSICO	DIGITAL
Movimiento de los ojos	∨↗	◄ ►	↙	↘
VOZ: Tono Volumen Ritmo	↑	◄ ►	↓	◄↓►
Tensión muscular	↑	◄ ►	↓	◄↓►
Respiración	▲	◄ ►	▼	◄ ►
Postura Gestos	Hombros altos Parpador rápido Señala los ojos Manos móviles Piel pálida	Hombros equilibrados Cabeza atrás Señala los oídos Tórax grande Piel uniforme	Hombros bajos Cabeza firme Se toca el cuerpo Movimiento lento Pies en la tierra	Hombros equilibrados Postura pensador Frío, cerebral Palabras pensadas

Otra forma de identificación de las claves de acceso muy importante es a través de los «predicados verbales». Éstos son verbos, adverbios, sustantivos, incluso frases completas (frases predicativas), que indican o hacen referencia a las características, calidades o modalidades y submodalidades de nuestro sistema representacional.

En el caso de los visuales tenemos los siguientes: ver, observar, avistar, testigo, echar un vistazo, gráfico, ilusión, falsa, mirar por encima del hombro, imaginar, reconocer, enfocar, alzar los ojos, a simple vista, espiar, perspectiva, ojeada, atención, vislumbrar, esclarecer, claridad, destello, brillo, ilustrar, visualizar, dibujar, tener vista, cegato, ver más allá de las narices, prever, panorama, escena, horizonte, en vista de... según se puede ver. Y otros muchos.

Quienes manejan lo auditivo externo como canal preferente emplean predicados del tipo: escuchar, oír, prestar atención, atender, chillar, poner la oreja, mencionar, prestar oído, aguzar el oído, barullo, desarmónico, a tono, desafinado, ruidoso, clic, ¡pum!, ¡pumba!, discutir, hablar, resaltar, sonidos, gritar, susurro, en voz baja, estruendo, atronador, preguntar, vibrante, mencionar, rítmico, ronroneo, etc.

En el caso de auditivos internos, digitales o de diálogo interior, usarán principalmente palabras y frases de carácter mucho más racional, lógico o abstracto como: pensar, raciocinio, planear, considerar, estudiar, comunicar, obvio, conciso, resumido, lógico, coherente, aprender, aconsejar, conocer, saber, recordar, soñar, incógnita, matemático, infinito, indagación, dirigir, indicar, sorpresa, activación, amonestar, dirección, mecánico, anticipar, preparar, decidir, motivar. Y todos aquellos que se refieran a procesos de análisis y lógica.

Respecto a los cinestésicos, advertiremos que abundan palabras relativas a sensaciones tanto internas como externas, emociones y sentimientos, escuchándoles decir palabras como: sentir, pesado, herida, aspereza, pegar, agarrar, machacar, golpear, digerir, tripas, eléctrico, emotivo, rudo, sólido, feliz, tocado, arrastrarse, rozar, tocar, golpear, acogedor, cálido, conmovedor, insensible, despertar, excitar, mover, sostener, tragar, meter, estrés, dolor, mordisco, a flor de piel, corazón, sensible, espina, temblar, presionar, estremecerse, etc.

Como ya he indicado, muchos individuos tienden a valorar y usar una modalidad antes que otras para llevar a cabo sus estrategias u operaciones. A esto es a lo que llamamos en PNL, modalidad del sistema representacional más altamente valorada o modalidad dominante. Esto no quiere decir que el resto de las modalidades se encuentren excluidas, sino que cuando arranca una estrategia mental, o tiene que seleccionar una modalidad a su antojo, escoge siempre la más apreciada por él.

Es obvio que algunas modalidades de nuestros sistemas representacionales son más apropiadas que otras para ciertos procesos mentales y estrategias específicas, consiguiendo así un resultado más efectivo. Sin embargo, no existe un sistema mejor que otro para vivir. Por ejemplo, si vamos a un concierto, lo adecuado es utilizar el auditivo externo; si lo que estamos viendo es una película de cine mudo, necesitaremos manejarnos con el visual; si pretendo saborear un guiso, necesariamente tendré que atender al gusto.

Todas las indicaciones dadas hasta ahora, nos van a servir para conocer a nuestros interlocutores y adecuarnos a sus preferencias, de modo que acepten mucho mejor cualquier mensaje que les trasmitamos.

Imaginemos que soy un vendedor de automóviles, y se presenta un comprador cinestésico que me dice:

—Necesito un coche confortable, cómodo y seguro. Hago muchos kilómetros y no quiero cansarme, pues la fatiga es unos de mis peores enemigos cuando estoy ante el volante.

Si yo utilizo preferentemente la modalidad visual, y no presto atención a la usada por el cliente, hablaría más o menos así:

—Vamos a ver las bellezas que tenemos. Mire ese modelo, su línea es del más avanzado diseño y su gama de colores es de rabiosa actualidad, es la imagen de prestigio que usted necesita...

¿Ustedes creen que el potencial comprador llegaría acaso a interesarse por ese vehículo? ¿Verdad que no?

Fíjense lo diferente que sería una argumentación en los mismos términos cinestésicos expresados por el cliente.

—Siento su necesidad, este modelo que tiene ahí le da todo lo que usted necesita. Sensación de seguridad, confort, y robustez. La estructura y calidad de todos sus componentes le dan esa comodidad tan necesaria para que sus viajes sean cómodos y seguros...

Cada cliente con una modalidad altamente valorada muy arraigada, selecciona la información casi exclusivamente por su canal preferido, y lo que le llega por cualquier otro es rechazado o no reconocido. Date cuenta de la importancia que en gestión comercial tiene este aspecto comunicacional. Muchos profesionales de la venta que desconocen estas claves, tienen un rotundo éxito con los clientes de su igual modalidad, mientras que les resulta agotador entenderse con los de las otras, con la consiguiente pérdida de pedidos y motivación. Es imprescindible desarrollar la habilidad de detectar, casi desde el arranque de una conversación, la o las modalidades que dominan en nuestros interlocutores, para así establecer un *rapport* mucho más preciso que nos lleve a una relación eficaz y productiva.

No es frecuente, aunque se dan muchos casos en los que las personas utilicen exclusivamente una modalidad; por ello debemos conocer en primer lugar cuál o cuáles son las dominantes nuestras, y trabajar para equilibrarlas. Para ello utilizaremos un test muy conocido en el ámbito de la PNL, que nos facilita con bastante exactitud las características representacionales de cualquier individuo.

Test de reconocimiento de la modalidad más valorada.

Para completarlo responde a cada una de las siguientes afirmaciones, adjudicando una valoración de cuatro puntos en la frase que mejor te describa o se ajuste a tu modo de pensar. De tres en la siguiente frase que, no siendo tan exacta como la anterior, también te describe. Dos en la siguiente, la que utilizas pocas veces. Por último, uno en la que rara vez usas y es la que peor encaja contigo. Una vez puntuadas todas ellas proseguiremos en la evaluación.

Empecemos:

1. Tomo las decisiones importantes basándome en...
- Las sensaciones del momento.
- Lo que me suena mejor.
- Lo que mejor me parece a la vista.
- Un preciso y diligente estudio del caso.

2. Durante una discusión, tiendo a sentirme más influenciado por...
- El tono de voz de las otras personas.
- La lógica del argumento que se expone.
- El punto de vista de la otra persona comparado con el mío.
- Si siento o no que estoy en contacto con los verdaderos sentimientos de la otra persona.

3. Puedo comunicar más fácilmente lo que me sucede mediante...
- Mi forma de vestir.
- Los sentimientos que comparto.
- Las palabras precisas que elijo para expresarme.
- Mi tono de voz.

4. ...
- Es fácil para mí encontrar el volumen y el tono ideal de un equipo estéreo.

- Seleccionar los puntos más relevantes intelectualmente que interesan a las otras personas.
- Seleccionar los muebles más cómodos y confortables.
- Seleccionar y decorar una habitación con ricas combinaciones de colores.

5. ...
- Estoy muy acoplado con los sonidos de mi entorno.
- Soy muy proclive a dar sentido a los hechos y datos nuevos.
- Soy muy sensible a la calidad de los tejidos que uso para vestir y cómo éstos los siento en mi cuerpo.
- Cuando llego a un lugar lo que primero veo son los colores con los que está decorado y el efecto que ellos producen en mí.

CALIFICACIÓN DEL TEST

Pasa los valores que has adjudicado a cada uno de los bloques de frases (1, 2, 3, 4 y 5), y en el mismo orden de los bloques y líneas del cuadro siguiente.

1 _____ K	2 _____ A	3 _____ V
_____ A	_____ D.I.	_____ K
_____ V	_____ V	_____ D.I.
_____ D.I.	_____ K	_____ A
4 _____ A		5 _____ A
_____ D.I.		_____ D.I.
_____ K		_____ K
_____ V		_____ V

A continuación, pasa los valores V a la columna correspondiente del cuadro siguiente, las A a la suya, las K y las D.I., y por último suma. El resultado y valoración total de los marcadores indican la preferencia relativa (jerarquía) para cada una de las modalidades del sistema representacional.

S.R.	V	k	A	D.I.
1				
2				
3				
4				
5				
Total				

Una vez identificada la distribución en el uso de tus modalidades, podrás realizar trabajos tendentes a restablecer un equilibrio, prestando más atención al uso de aquella modalidad que utilices menos.

EL PODER
DE LA
PALABRA

El lenguaje es sin duda lo que más nos diferencia de otras especies terrestres. La capacidad que los seres humanos hemos desarrollado para articular palabras, relacionarlas con los objetos y construir frases que signifiquen aquello que queremos comunicar podría ser una definición de lo que es el lenguaje.

A lo largo de la historia, el hombre se ha esforzado por comprender la conducta humana, a pesar de que la conducta humana es tremendamente compleja, pero el hecho de que el comportamiento humano sea complejo no excluye que tenga una estructura, y que ésta no esté regida por reglas. El que tenga reglas no indica que éstas sean rígidas y que condicionen el comportamiento.

De todas las formas de manifestación de las conductas humanas, lo que más se ha estudiado ha sido la estructura del lenguaje, y éste es el modelo más representativo de nuestra experiencia, a pesar de que el contenido digital del mismo sólo representa el siete por ciento de la comunicación entre humanos. Con el lenguaje no sólo nos comunicamos con los demás de nuestra especie, sino con nosotros mismos. La circunstancia de que el lenguaje tenga una estructura y reglas comprensibles —y, por tanto, manejables—, lo convierte en una herramienta altamente precisa y operativa, de la que podemos valernos tanto para profundizar en la comprensión de nosotros mismos y de los demás, como para realizar cambios o «modificaciones» en las estructuras profundas de las personas. Existe un nexo —como ya dije— entre fisiología (comportamiento) y lenguaje. Así pues, las estrategias que utilizamos para realizar nuestros comportamientos muchas veces surgirán natural y espontáneamente en una conversación, charla o discurso. A partir de aquí, la PNL ha creado un modelo lingüístico útil y esclarecedor para sacar a la luz esa estructura profunda que es la que opera y dirige las acciones de cualquier individuo. A este modelo le hemos llamado metamodelo del lenguaje o *metalenguaje*.

La herramienta del metalenguaje, al que también podemos referirnos como paquete lingüístico, fue el producto del «modelaje» que los creadores de la PNL llevaron a cabo tras un sistemático estudio, análisis y estructuración de las pautas y métodos utilizados en sus trabajos de comunicación por los grandes genios de la psicoterapia en este siglo, tales como Fritz Perls, Virginia Satir y Milton H. Erickson.

El paquete lingüístico de la PNL aporta:

- Un conjunto de técnicas interrogativas basadas en la comunicación verbal del cliente o interlocutor, consiguiendo con ellas una rápida y mejor comprensión del mensaje.

- Claves verbales con las que poder iniciarse los cambios, transformaciones, motivaciones, etc., en individuos u organizaciones

- Capacidad y estrategias verbales para acceder a la estructura profunda del sujeto a fin de identificar y eliminar la raíz de los problemas que se detecten.

Como hemos visto a lo largo de lo hasta ahora escrito, la experiencia humana y la percepción que realizamos del mundo exterior, son procesos subjetivos que nos llevan a construir nuestro particular modelo o mapa de la realidad. Con las palabras podemos representar las experiencias vividas por cualquier sistema representacional, es decir, con el lenguaje describimos aquello que tenemos archivado en nuestra mente. Sin embargo, tal descripción en raras ocasiones se corresponde con los hechos vividos, ya que desde que se produce un evento objetivo, hasta su transformación en experiencia subjetiva o «mapa» —memorización o recuerdo—, el proceso transita por una serie de limitantes o filtros que son los que distorsionan la realidad. El esquema de la página siguiente nos dará una idea.

LA EXPERIENCIA Y LA PERCEPCIÓN
COMO PROCESOS ACTIVOS

Las limitantes más sobresalientes son las neurológicas, ya que resulta compleja su localización por
personas no expertas, dada su manifestación inconsciente tanto en la construcción lingüística como mental. Éstas se clasifican en tres grandes grupos, a saber:

a) GENERALIZACIONES. Procesos mediante los cuales
algunos elementos de los modelos con los que la
persona construye sus estructuras lingüísticas des-

prenden de la experiencia original y llegan a representar la categoría total. De una porción hacemos un todo.

b) ELIMINACIONES. Merced a estos filtros prestamos atención de forma selectiva a ciertas dimensiones de nuestras experiencias, al tiempo que excluimos otras. Es como si sólo prestásemos atención a lo que nos beneficia.

c) DISTORSIONES. Aquí lo que realizamos son cambios en nuestras experiencias de los datos sensoriales que percibimos al vivir cualquier hecho. O lo que sería lo mismo, tergiversamos la realidad según nuestra conveniencia.

Visto esto, lo que pretendemos con la identificación y los consecuentes desenmascaramientos de los errores lingüísticos —violaciones del lenguaje como nosotros lo llamamos—, es restablecer o conocer la conexión y el motivo de la «violación» cometida. Así que los objetivos del metamodelo de lenguaje en PNL serían:

1. Encontrar la información perdida en el proceso de derivación desde la estructura profunda hasta la estructura de superficie. Es decir, recuperar las partes que se han eliminado desde el pensamiento profundo hasta su verbalización.

2. Determinar e identificar las distorsiones, eliminaciones o generalizaciones que la persona introduce como limitantes en su modelo del mundo, su mapa.

3. Descubrir y evidenciar las limitaciones del mapa de cualquier hablante. Hacer que nuestro interlocutor se percate de sus propias derivaciones (generalizaciones, eliminaciones y distorsiones), y que le están provocando una comprensión errónea de la realidad.

4. Volver a conectar a la persona con su experiencia primaria y con el territorio de donde tomó la experiencia. O saber cuáles podrían ser los hechos reales y obrar en consecuencia aunque el sujeto no quiera o no pueda identificarlos.

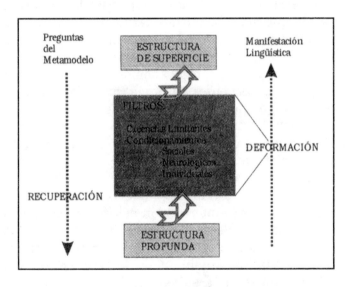

Para descubrir tales limitaciones disponemos del conocimiento que nos aporta el hecho de que «hablamos como pensamos» y, por tanto, lo que se dice es un reflejo del contenido de nuestras estructuras profundas de pensamiento. En consecuencia, lo que tenemos que conseguir es desarrollar la habilidad de identificar tales «violaciones», y para ello hemos de conoces las distintas formas de manifestarse de cada una de ellas y de sus diferentes variaciones.

Las generalizaciones

Marcan los límites del modelo del hablante. Como ya dije, son procesos mediante los cuales algunos elementos de los modelos de la persona se desprenden de las experiencias generales y llegan a representar la categoría total. Como si una pequeñísima porción fuera transformada en algo absoluto y total. Algo así como: «la comida de hoy me sentó mal; luego, todas las comidas me hacen daño». Este grupo se subdivide y se manifiesta de las siguientes formas:

CUANTIFICADORES UNIVERSALES

Palabras que indican la extensión de la generalización. Todo, nadie, los... las... ninguno, etc.

Los vocablos que siguen son algunos ejemplos de ellos. Cuando los escuchemos decir a alguien, tengamos en cuenta que es (salvo raras excepciones) una violación del modelo, ya que lo absoluto es inexistente. La segunda columna, que se escribe en cursiva y con interrogación, es la forma de preguntar que rompería o desafiaría la validez de la universalización (generalización) dicha, provocando en el sujeto que la emitió una reflexión y corrección del contenido de la generalización.

Todos	*¿Todos?*
Siempre	*¿Siempre?*
Nunca	*¿Nunca?*
Cada uno	*¿Cada uno?*
Ninguno	*¿Ninguno?*
Cada vez	*¿Cada vez?*
Para siempre	*¿Para siempre?*
Ningún sitio	*¿Ningún sitio?*
Ninguna cosa	*¿Ninguna cosa?*

OPERADORES MODALES

Voces que constituyen una generalización de obligatoriedad limitadora. Se presentan a su vez en dos modos: uno de POSIBILIDAD: no puedo, no consigo, es imposible, etc.; y el otro de NECESIDAD: debo, no debo, necesito, he de... tengo que, etc.

Los desafíos que se hacen son del tipo de las preguntas escritas en cursiva.

No puedo...	*¿Qué te lo impide?*
No podría...	*¿Qué te lo impide?*
No debo...	*¿Qué sucedería si lo hicieras?*
No debería	*¿Qué sucedería si lo hicieras?*
Tengo que...	*¿Qué sucederá si no lo haces?*
Necesariamente he de...	*¿Qué sucederá si no lo haces?*

Cuando la persona que ha expresado una «violación» de operador modal escucha la pregunta desafío, comienza una búsqueda profunda para encontrar respuestas alternativas, o para manifestar la realidad de su limitación.

En el ámbito empresarial o de relaciones personales es muy frecuente escuchar justificaciones u órdenes que contienen operadores modales. Si respondemos con la pregunta desafío, conseguiremos aclarar muchas situaciones equívocas o mal interpretadas.

Afirmaciones que dan por cierto algo general que constituyen un supuesto previo, es decir, que no es real, sino que el hablante lo da como tal.

«Si me comprendiera no me trataría así.»

En esta aseveración el que se expresa atestigua que su interlocutor no le comprende, o lo que es lo mismo, cree saber lo que ocurre en el interior del otro, o cuando menos alega que al no compartir su forma de pensar, la otra persona no le entiende.

¿Cómo sabes que no te comprende?

¿Qué tiene que comprender?

Serían formas de desafiar los argumentos inconsistentes de presuposición que manifiesta el hablante.

«Si se hace el loco, que no espere que le hable.»

En este otro caso presupone que todos los que escuchan comparten el mismo concepto de locura o de hacer de los locos. El desafío podría ser: *¿Cómo hacen los locos?*

Eliminación

Proceso mediante el cual prestamos atención de forma selectiva a ciertas dimensiones de nuestra experiencia, al tiempo que eliminamos otras. Excluimos parte del contenido de la información. Ésta, como las anteriores derivaciones, se lleva a cabo de forma inconsciente, sin que el sujeto hablante se dé cuenta conscientemente de que está cometiendo este tipo de violación.

El grupo de las eliminaciones se subdivide en:

OMISIÓN SIMPLE

Parte del material informativo ha sido excluido de la frase. El sujeto hablante suprime u omite contenidos que son decisivos para comprender el significado, ya que en caso contrario el oyente interpreta según su propia experiencia subjetiva. El objetivo del metamodelo en este caso es recuperar la información descartada. El modo de rescatar las ausencias es preguntando acerca de ello. Veamos algunas frases con «violación» y sus correspondientes «desafíos» (en cursiva):

—Ya estoy más preparado...
¿Más que quién?
¿Para qué?
¿Más preparado que cuando?

—Soy incapaz.
¿Incapaz de qué?
¿Para qué?

—No me respetan.
¿Quién no te respeta?
¿Cómo no te respetan?

Se realizan correlaciones sin referencia a la otra parte cotejada. La persona formula juicios comparativos sin referencia a lo contrastado utilizando mejor-peor, difícil-fácil, bueno-malo, más-menos, etc. Al desafiar con nuestras preguntas hacemos que aflore la otra parte de la correlación no explicitada hasta ese momento. Esto nos sirve para evitar que el interlocutor emita valoraciones irrebatibles.

—Es mejor no decir nada.
¿Mejor que qué, específicamente?

—Eso es peor para ti.
¿Peor que qué?

—Esto es mucho más difícil.
¿Más difícil que qué?

—Si te pones a ello te será más fácil.
¿Más fácil que qué?

—Él es más bueno.
¿Más bueno que qué?
¿Más bueno para qué?
¿Más bueno que quién?

FALTA DE REFERENCIA

Cuando se habla sin menciones específicas o sin identificación referencial. El sujeto alude a una persona, lugar o cosa, sin declararla concretamente. Aquí, al preguntar trataremos que se clarifique y se verbalice a quién se menciona o a qué hace referencia para evitar interpretaciones o confusiones.

Veamos algunas frases que contienen esta «violación» de falta de referencia, y el tipo de interpelaciones que convendría hacer:

—Los acontecimientos me han hecho cambiar de idea.
¿Qué acontecimientos específicamente?
¿A qué idea te refieres específicamente?

—Debería hacer alguna cosa.
¿Qué cosa específicamente?

—Los comentarios me molestan.
¿Qué comentarios específicamente?

—La gente es torpe.
¿Qué gente específicamente?

—Las cosas no marchan bien.
¿Qué cosas específicamente?

—Esta situación es insoportable.
¿Qué situación específicamente?

Verbos inespecíficos

El comunicante utiliza verbos que no clarifican el significado de la frase acerca del dónde, cuándo o con quién. En el pobre lenguaje que muchas personas usan actualmente, se emplean verbos que no expresan nada, o no dan un sentido real a la frase que clarifique la acepción. Este tipo de «violación», si no es

108

desafiada, conduce a una comunicación deficiente, absurda, carente de sentido y empobrecedora.

—Me lo voy a montar.
¿Vas a montarte qué?

—Esto me encanta.
¿Cómo quedas encantada?

—A Carlos no se le puede tocar.
¿Tocar cómo?

—No quiero herir sus sentimientos.
¿Cómo le hieres?

—Hay que acercarse al objetivo.
¿Acercarse hasta dónde?

—María me vuelve loco.
¿Cómo enloqueces?

Distorsiones

Se trata de deformaciones semánticas. Proceso mediante el cual realizamos cambios en nuestra experiencia, modificando los datos sensoriales percibidos. Es decir, transformamos, distorsionamos o manipulamos la realidad para adaptarla a nuestra conveniencia. Esta anomalía lingüística se divide en los tipos siguientes:

Existe este tipo de distorsión, cuando se transforma un verbo en sustantivo. Uso de un nominal (utiliza un hecho consumado) cuando en realidad debería hacerse referencia a una actividad en proceso. El desafío consiste en provocar que el sujeto vuelva a utilizar el verbo activo para salir del estancamiento que supone un suceso acabado.

Veamos algunos ejemplos: (La palabra en cursiva es la nominalización y subrayamos el desafío).

—Tengo *depresión*.
¿Qué es lo que te deprime?

—Lo que necesitas es *experiencia*.
¿Qué es lo que necesito experimentar?

—En esta empresa no hay *respeto*.
¿A quién no se respeta?
¿De qué forma no se respeta?

—Luis sigue con su *enfado*.
¿Qué lo ha enfadado?

—El problema me bloquea.
¿Qué es lo que te preocupa? (problematiza)

—Esta *vida* no tiene sentido.
¿Qué es lo que estás viviendo?

—El *temor* me paraliza.
¿Qué es lo que temes?

MODELO CAUSA-EFECTO

Creemos que un estímulo específico causa una experiencia específica. X zY. Afirmaciones que unen dos o varias situaciones de causa-efecto. El objetivo del metamodelo en esta cuestión consiste en desarmar la estructura de relación incorrecta de causa-efecto.
Ejemplo:

—El tono de su voz me irrita.
¿Cómo específicamente hace su voz para irritarte?

—Cuando lo veo, me pongo mala.
¿Quieres decir que el solo hecho de verlo te enferma?

—Cuando me mira, tiemblo.
¿Qué hay en su mirada que te haga temblar?

LECTURA MENTAL

Se produce esta pauta de trasgresión cuando asumimos que sabemos lo que otra persona piensa, siente, etc. Se trata de expresiones que denotan que el hablante «desentraña» pensamientos y estados internos de otras personas. Es como jugar a ser adivino.
Ejemplo:

—Conozco tus intenciones...
¿Cuáles son mis intenciones?

—Sé muy bien lo que estás pensando.
¿Qué es lo que pienso?

—Ya sé que no me cree.
¿Cómo lo sabes?

EQUIVALENCIA COMPLEJA

Conclusiones basadas en la creencia de que siempre los resultados son los mismos. X = Y. Cuando dos experiencias diferentes se unen dándole el mismo significado.
Ejemplo:

—*Cuanto más me quiere más estúpido se vuelve.*
¿Cómo específicamente hace que al quererte se vuelva estúpido?

—*Él ve los partidos todos los domingos: él no me quiere.*
¿Cómo específicamente el ver fútbol significa que no te quiera?

PÉRDIDA DE CONCRECIÓN

Alegatos de valor u opiniones sobre algo que no se especifica. Aseveraciones que dan por supuesto algo que no se manifiesta explícitamente.

—No está bien discutir con la gente.
¿Quién dice que no está bien?

—Evidentemente, las películas de Woody Allen son una lata.
¿Eso según quién?

112

—Los científicos afirman que el planeta se muere.
¿Qué científicos afirman eso?

—Es bueno ser vegetariano.
¿Según quién?

Con el fin de que sea más sencillo el manejo práctico del metamodelo de lenguaje de la PNL, recomiendo que empieces por identificar y desafiar las infracciones siguiendo las instrucciones que a continuación facilito. Se trata de una simplificación de lo anteriormente expuesto sobre el tema. Utiliza la siguiente guía para atender a las «violaciones», y manejar más fácilmente las preguntas.

1. Cuando la información que te facilita el interlocutor con el que hablas es inespecífica, generalizada o corresponde a la estructura superficial del sujeto, las preguntas que haremos serán: ¿quién, qué, dónde, cuándo, cómo... específicamente?
Ejemplo:

Estoy angustiado.
¿Qué es lo que te angustia específicamente?

Todo el mundo piensa que soy un bicho raro.
¿Específicamente, quién lo piensa?

2. Cuando el hablante dice algo sobre otra persona que podría aplicársele a él mismo.
La pregunta es: ¿Puedes decir eso sobre ti mismo?
Ejemplo:

Ella no me demuestra cariño.
¿Podrías decir: Yo le demuestro cariño?

113

3. Cuando el individuo expresa una imposibilidad o la amenaza de unas perspectivas catastróficas como consecuencia de algo. Que no puede, que le resulta imposible, etc.
Preguntaríamos: ¿Qué te detiene? ¿Qué pasaría si lo hicieras?
Tengo que ser bueno con todos mis compañeros.

¿Qué pasaría si no lo fueras?

Debería decirle que ya no la quiero pero no puedo.
¿Qué te detiene?

4. El sujeto expresa la creencia de que no hay excepciones, que todo se presenta del mismo modo, o que todo es igual.
La pregunta que debemos hacer en estos casos es la que le proporcione al sujeto la posibilidad de una excepción.
¿Recuerdas alguna ocasión en que no fue así?

Siempre estoy preocupado.
¿Siempre? ¿Puedes recordar alguna ocasión en la que no estuviste preocupado?

La gente piensa que soy estúpido.
¿Podrías mencionar a alguien que no lo piense?

5. Cuando la persona emite frases en las que podemos comprobar que cree adivinar los pensamientos de los demás.
Preguntarás: ¿Cómo lo sabes?
Sé que intenta hacerme daño.
¿Cómo lo sabes?

Conozco tus pensamientos.
¿Cómo los conoces?

6. En los enunciados en los que el sujeto relaciona causas y efectos con las emociones de otras personas.
Desafiaremos con: ¿Qué hacen ellos para que tú te sientas así? ¿Cómo haces tú para que se sientan de esa forma?

Su forma de actuar me pone enfermo.
¿Qué hace para ponerte enfermo?

7. Cuando escuchamos las muy comunes formas de expresar un juicio insustancial, falto de sentido, fundamento o aval.
Pregunta desafío: ¿Según quién?

Los libros son muy aburridos
¿Según quién?

Le falta tacto para resolver los problemas.
¿Le falta tacto según quién?

Conocer los diferentes modos de distorsionar y sus formas de manifestación lingüística, no son suficientes para poder hacer un adecuado uso de esta habilidad comunicativa. Para manejar correctamente el metamodelo en conversación, para utilizarlo de modo elegante y sin agresiones de ningún tipo, se requiere tener presente lo siguiente:

1. Lo primero y fundamental, como en cualquier situación, es establecer un buen *rapport*.

2. Dentro de ese adecuado *rapport* usar un conveniente tono de voz y un agradable *tempo* de habla, ajustándonos al máximo a la de nuestro interlocutor.

3. Mucho cuidado con las precipitaciones; has de estar atento pero sin apurarte. Tómate tu tiempo sin perderlo. Procura en todo momento mantener tu estado de relajación.

4. Procura no ser brusco en tus interrogatorios. No lances las interpelaciones «desafío» del metamodelo a «boca jarro». Usa los suavizadores para conducir las preguntas, como:

Yo me pregunto si...
Usted me podría decir si...
Me gustaría saber...

5. De tiempo en tiempo, durante la conversación es muy conveniente que repitas las palabras de tu interlocutor después de que las pronuncie, antes de introducir las aclaraciones del metamodelo.

6. Si el prójimo no sabe por dónde empezar, se queda bloqueado o sin respuestas, ofértale un «menú», es decir, posibles alternativas, pero solamente si se dan las condiciones siguientes:

⇨ Cuando hay un silencio largo antes de que intente hablar.

⇨ Si calibras que su *feedback* del comportamiento no verbal indica que no tiene representación mental de lo que dirán a continuación.

⇨ El sujeto parece estar sumido en un estado de confusión.

7. Utiliza los requerimientos de reto endulzados de modo que el interlocutor no pueda sentirse atacado. Calibra constantemente las respuestas no verbales que emite, evitando cualquier tensión o incomodidad por su parte.

8. En caso de resistencia manifiesta puedes recurrir a frases que facilitan e inducen a contestar, como:

No sé si querrás contestarme a esto ahora o tal vez prefieras hacerlo dentro de unos instantes.

No sé si estas dispuesto a responder en este momento, o lo quieras dejar para dentro de unos minutos.

Tal vez contestes mejor después de reflexionar mientras te comento esto otro.

Los siguientes enunciados, muy comunes en cualquier conversación, contienen diferentes «violaciones» del metamodelo de lenguaje. Te recomiendo leerlas y buscar cada una de las posibles «derivaciones» y subtipos de las mismas que encuentres.

- Tengo muchas dudas.
- Las personas, sencillamente no aprenden de
- sus errores.
- Él siempre lo hace igual.
- Soy incapaz de hacerlo de otro modo.
- Que sea la última vez.

- Ya sé que no me valoran.
- Si empiezas otra vez me voy.
- Mis pensamientos me deprimen.
- No tengo derecho a herir los sentimientos de los demás.
- Todo el mundo piensa que soy un tipo raro.
- El gobierno es un inepto.
- Nunca se debe mentir.
- Las mujeres son peligrosas.
- Ningún hombre sabe tratar a las mujeres.
- Su forma de ser me pone enfermo.
- Mis compañeros creen que les fallo.
- Conozco muy bien tus intenciones.
- No puedo decirle que no la quiero.
- Necesito más experiencia.

Otra forma de aprender a manejar hábilmente y ser capaz de identificar las «violaciones» después de escucharlas, es construyendo frases deliberadamente con cada una de las categorías.

ELIMINANDO LOS FILTROS

*Cada cual es como
Dios le ha hecho,
pero llega a ser
como él se hace.*

Otro de los elementos importantes en el éxito de la comunicación es la capacidad de identificar los filtros o programas mentales fijos, que cada persona utiliza en determinado momento. Me estoy refiriendo a los metaprogramas que todos tenemos establecidos y que operan por debajo del nivel de conciencia.

¿Qué son los metaprogramas?

Los metaprogramas son programas internos —o filtros— que distorsionan la realidad objetiva y que utilizamos inconscientemente para determinar a qué prestar atención. Los metaprogramas dan calidad y continuidad a nuestra experiencia y son las pautas que determinan nuestro interés. Estas estrategias firmes dan forma a uno de los pilares básicos de nuestra personalidad. Los metaprogramas purgan inconscientes nuestra percepción, y a pesar de ello llegan a ser uno de los bloques más poderosos en la determinación de nuestra idiosincrasia.

Como puedes recordar, creamos nuestras representaciones internas de las experiencias que vivimos, destilando la información que nos suministran los cinco sentidos. En este proceso distorsionamos, su-

119

primimos o generalizamos con el fin de no excedernos en las siete (± dos) parcelas de información que nuestra mente es capaz de manejar simultáneamente. Cómo llevamos a efecto el filtraje de la información es el resultado de nuestros metaprogramas, de los valores, creencias, criterios, actitudes y recuerdos. En todo este proceso, los metaprogramas establecen cómo percibimos el territorio (la realidad), y son los que escogerán el modo de distorsionar, generalizar o eliminar la notificación recibida, y también cómo accederemos a nuestra memoria, y a qué prestarle atención. El estado emocional de una persona es generado por el uso de unos metaprogramas u otros. Por tanto, son los iniciadores y responsables de nuestras conductas. Conocer los metaprogramas de otra persona puede ayudarnos a predecir con gran exactitud sus acciones.

No existen metaprogramas mejores ni peores, no hay una forma «superior» de ser o de filtrar la información, todo ello va a depender, como en cualquier acción humana, del lugar, tiempo, gente, intención y de la dirección. Por tanto, sí que hay situaciones en las que es de mayor utilidad y eficacia utilizar uno que otro.

Para detectar qué metaprogramas usa una persona en un momento dado, es preciso desarrollar una gran capacidad de calibración verbal y no verbal. Puesto que el uso de unos u otros metaprogramas generará unas conductas (verbales y no verbales) u otras, hemos de permanecer muy atentos a ellas a fin de captar su origen. La habilidad que vayas adquiriendo te permitirá poco a poco identificar con mayor rapidez la presencia de los metaprogramas en la comunicación de los sujetos. No existen fórmulas mágicas para descubrirlos, sólo mucha práctica. En algunos casos para provocar las respuestas de nuestros interlocutores clientes que nos faciliten la detección, podremos servirnos de preguntas que generen un tipo de réplicas direccionales. Al hacer interpelaciones para encontrar estos filtros, estamos buscando siempre la dirección predominante, es decir, la forma en la que la persona responde la mayor parte del tiempo.

Como ya he advertido, no existen metaprogramas de primera y de segunda, pero lo que sí existen son metaprogramas más implicados en los procesos y que nos pueden servir con mayor facilidad para predecir cómo una persona actuará o reaccionará ante cierto tipo de situaciones. Esos metaprogramas básicos podrían ser los de «dirección», «relación», «foco de atención» y algún otro.

Ten en cuenta que a la hora de averiguar o reconocer los metaprogramas en uso de una persona, estás buscando procesos (forma) y no los contenidos; por lo que en las declaraciones atiende al *cómo*, no al *qué*.

Resulta importante resaltar que los metaprogramas son una herramienta extraordinaria para el conocimiento y modelado de pautas excelentes, para la selección de personal, para la formación de equipos de trabajo, para la asignación de tareas y para la modificación de estados emocionales limitantes.

A continuación estudiaremos algunos de los filtros —metaprogramas— de mayor uso y frecuencia en cualquier persona, agrupados en función al uso que hacemos de ellos.

Metaprogramas que intervienen
cuando nos orientamos hacia metas o problemas.

En este bloque distinguiremos el modo con que el
sujeto se enfrenta a las situaciones críticas, a las
acciones de consecución o a los conflictos; y sus formas de procurar resolverlos.

1. METAPROGRAMA O FILTRO DE DIRECCIÓN

Se trata de un metaprograma básico, es decir, existe
en todos los seres humanos. Concierne a una estrategia operativa universal. Todos nos alejamos del sufrimiento o nos acercamos hacia el placer, o lo que es
lo mismo, huimos de lo negativo, o buscamos lo positivo o ambas cosas. Es una maniobra primitiva y
tiene que ver directamente con el dominio del *centro
reactivo*[2] (búsqueda del placer) o del *centro conduc-
tual*[3] (huida del sufrimiento). Es un filtro relacionado
directamente con los valores del individuo y con lo
que es importante en su vida.

Cuando detectamos este programa, sabemos la
dirección predominante de la persona y a lo que responde instintivamente la mayor parte del tiempo.
Hay que tener en cuenta, no obstante, que los metaprogramas cambian, que no son de por vida, y que
pueden verse afectados por la tensión, el estrés o
incluso por el ambiente, en un momento dado.

---

2. Para conocer más sobre el tema de los centros véase
Eneagrama y PNL, de Salvador Carrión, en Editorial Gaia.
3. *Ibíd*.

Este tamiz posee dos tipos de actuaciones o salidas:

⇨ En dirección hacia lo positivo. En busca del premio, de la meta, del éxito.

⇨ Evitando lo negativo. Alejándose del sufrimiento, del daño, de la pérdida, del fracaso.

En el caso de que no te percates cómodamente de cuál de las dos salidas utiliza la persona, podrías hacer preguntas del tipo:

- ¿Qué quieres de un trabajo?
- ¿Qué quieres de una casa?
- ¿Qué quieres hacer con tu vida?

Estos cuestionamientos obligarán al sujeto a responder en qué dirección se mueve. Si da soluciones de contenido potenciador —progreso, triunfo, ganas más, vivir feliz, comodidad, etc.— estará yendo en dirección a lo positivo. Si las réplicas son protectoras o limitantes —no estar en el paro, seguridad, gastar menos, que no haya ruido, no sufrir, no padecer, etc.— estará utilizando la salida de evitar lo negativo.

2. FILTRO O METAPROGRAMA DE ORGANIZACIÓN

Cómo organizamos o estructuramos las cosas, cómo ordenamos nuestra mente para hacer frente a los pasos que daremos para alcanzar una meta o para resolver un problema. Cualquier hecho que afrontemos, lo primero que hacemos es clasificarlo y/o compararlo, y lo hacemos de una de las dos maneras siguientes:

⇨ Por diferencias. Esto no se parece o se diferencia a eso en...

⇨ Por semejanzas. Esto se parece o es igual a eso en...

Consultas como las siguientes pueden facilitarte la identificación de la salida usada por alguien con respecto a este filtro.

- ¿En el momento de hacer frente a un nuevo proyecto e iniciarlo, te detienes a compararlo con los que anteriormente realizaste para encontrar los puntos comunes, o por el contrario lo primero que localizas son las diferencias con los que ejecutaste otras veces?

- ¿Cuando programas tus vacaciones buscas lugares nuevos y desconocidos en los que no hayas estado nunca, o por el contrario vas a los sitios conocidos y ya visitados?

Obviamente, la respuesta te dará la salida que maneja.

3. Filtro de la forma de pensar

Metaprograma que manejamos y se refiere a cómo pensamos sobre las cosas. Cuando nos planteamos los sucesos o acciones, nuestras introspecciones se originan de una u otra forma siguiente:

⇨ Por visión: Proyectamos imágenes mentales de lo que pretendemos.

⇨ Por acción: Lo primero que pensamos es hacer y procuramos ponernos inmediatamente a ello.

⇨ Por lógica: Analizamos y razonamos dicho proyecto.

⇨ Por emoción: Nos dejamos guiar por las sensaciones que nos llegan de lo que planeamos.

Para encontrar las salidas del metaprograma del estilo de pensamiento, podríamos decir a la persona algo como:

- Descríbeme cómo esbozas un nuevo trabajo, un viaje o un cambio de casa.

- ¿Qué estrategia sigues, cómo piensas cuando fraguas algo nuevo, te lo imaginas, te pones manos a la obra de inmediato, lo analizas y estudias paso a paso, o te guías por la sensación que te llega?

4. Filtro de jerarquía de valores

Hace referencia al metaprograma que organiza los valores dominantes. Los mortales actuaremos en función a la jerarquía de nuestros valores predominantes. Éstos pueden agruparse en tres bloques fundamentales en los que se integran cualquiera de los intereses que podamos manejar; sería algo así como el fin para el que queremos o tenemos tales principios. Los tres grupos básicos son los siguientes:

⇨ PODER O CONTROL. Es la opción tomada si lo que se quiere al realizar una acción es la adquisición del dominio, del control de la situación, o del poder que le otorgaría tal acción.

⇨ RELACIONES. Cuando lo que busca el sujeto es el establecimiento de interacciones humanas, contacto con la gente, ayuda, afecto humano, agradecimiento, y vinculación social.

⇨ REALIZACIÓN DE METAS. El sujeto actúa o proyecta en función a la consecución de sus metas tangibles (objetivas) y forma de alcanzarlas.

Preguntas recomendadas para detectar cuál es la jerarquía de los valores que activan a la persona.

• ¿Qué es lo que te mueve a la hora de emprender una nueva empresa, dominar el mercado y ser importante, que la gente te conozca y tener muchos contactos, o que el proyecto empresarial funcione y conseguir el objetivo?

Metaprogramas que intervienen cuando establecemos algún tipo de relaciones humanas.

Hablamos ahora del bloque de filtros que instalamos para relacionarnos con los demás de una forma u otra a la hora de interactuar.

1. METAPROGRAMA POSICIÓN PERCEPTIVA

Es el modo o manera con el que afrontamos las comunicaciones desde nuestra perspectiva interior. Esta membrana adopta una de las tres alternativas siguientes:

⇨ Desde yo o primera posición. Cuando todas las evaluaciones las hacemos desde nuestro único y exclusivo punto de vista, sin tener para nada en cuenta a la otra u otras personas con las que nos comunicamos.

⇨ Visto desde el otro o segunda posición. Observamos y puntuamos la situación desde la contingencia de los otros. Es como si nos metemos en «los zapatos del otro», y desde ahí juzgamos los hechos y actuamos en consecuencia. Aquí el otro —nuestro interlocutor— es más importante que uno mismo.

⇨ Visión contextual, objetiva o de tercera posición. Cuando atendemos a la situación desde una posición neutral, advertimos el conjunto, la interacción y los puntos de vista objetivos del otro y de uno mismo. Aquí lo importante es el entendimiento de ambas partes y la consecución del objetivo común.

Un ejemplo de interrogatorios para detectar el posicionamiento que utiliza un individuo dentro del ámbito laboral podría ser:

• ¿Al decidir una cuestión de índole laboral, cuál es tu punto de partida?

• ¿Qué crees tú que es mejor para la marcha de la empresa?

- ¿Lo que los otros interlocutores sociales plantean?

- ¿El conjunto general de la situación sin dar prioridad a ninguna de las partes?

2. FILTRO DE *FEEDBACK*

Son las advertencias que tomamos para apreciar una situación, o a qué le proporcionamos atención a la hora de juzgar la interacción.

⇨ *FEEDBACK* EXTERNO: Objetivo. Atendiendo a las conductas externas. Nos dejamos guiar como punto de referencia por las manifestaciones conductuales externas.

⇨ *FEEDBACK* INTERNO: Subjetivo. Atendemos a nuestras respuestas internas. La señal de actuación que tenemos en este caso son nuestras propias sensaciones, valoraciones o construcciones intrínsecas que hagamos.

Para registrar el marco de referencia o filtro de *feedback* en la orientación en las relaciones, preguntaríamos algo así:

Cuando has realizado un buen trabajo, ¿cómo sabes que es así?

La respuesta que nos daría sería: *Porque me lo dicen, o me felicitan*, para la salida objetiva. O bien, *porque lo sé o me siento satisfecho*, para la salida subjetiva.

3. Metaprograma o filtro temporal

Todos los seres humanos tenemos una experiencia subjetiva del tiempo (al margen de lo que dicta el reloj), y en función a ella operamos con una organización temporal u otra.
Éstas pueden ser:

⇨ En el tiempo: Asociado. Vivimos y revivimos asociados al tiempo, volviendo a experimentar los hechos, ya sean del presente, del pasado o incluso del futuro. En cierto modo es como si el tiempo fuese estático sin que transcurra.

⇨ A través del tiempo: Disociado. Experimentamos el tiempo como un *continuum*, pasado, presente, futuro, al margen de nosotros, como una secuencia lineal de la que permanecemos disgregados y distantes, observándola desde fuera y dándonos cuenta de cómo corren los segundos.

También existen otros tres filtros temporales que acompañan a los anteriores y que influirán aún más en la concepción y experimentación del tiempo.

⇨ Pasado-Recuerdos. Orientamos la mayor parte de nuestra información y de nuestro interés en el pasado, lo que ocurrió.

⇨ Presente-Externo. Valoramos la información objetivamente en el momento que se presenta. Atendemos fundamentalmente a lo que sucede en el aquí y ahora.

⇨ FUTURO-CONSTRUIDO. Proyectamos la información y nuestro interés hacia el futuro, hacia lo que puede suceder o acontecer.

Utilizaremos cuestionamientos similares a los siguientes para conseguir un mayor acercamiento a la experiencia subjetiva temporal de nuestros interlocutores. Para conocer si se encuentra asociado o disociado del tiempo, pregunta:

- ¿Cómo concibes subjetivamente tu tiempo, como algo que te envuelve y casi inmóvil o como una línea horizontal en la que ves todos los segundos o minutos pasar ante ti?

Si deseamos determinar la orientación según el tiempo, averiguarás:

- ¿Con qué pensamiento te identificas más plenamente?

- Antiguamente se hacían mejor las cosas.

- Lo único que cuenta es el aquí y el ahora.

- El progreso del hombre está en mantener siempre la mirada en el futuro.

Evidentemente, la identificación con cada respuesta te dará una dirección (pasado, presente o futuro).

4. FILTRO DE VALORACIÓN INFORMATIVA

Metaprograma que empleamos para ordenar o apreciar la información que damos o recibimos. Es el modo

por el que aceptaremos o no una explicación, dependiendo de uno de los factores subsiguientes, o recursos abiertos a la comunicación.

⇨ LUGAR. Dónde se ha producido la información
o en qué lugar se han producido los hechos, o
dónde se está generando la comunicación.

⇨ TIEMPO. Cuándo se ha producido o se facilita la
indicación, en qué momento, si fue o no dis-
tante de los hechos, o del proceso inicial de la
propagación.

⇨ PERSONA. Quién emita la información, inicie la
secuencia reveladora o ejecute el hecho.

⇨ INFORMACIÓN. Qué es lo que contiene el aviso.

⇨ ACTIVIDAD. Cómo se ha realizado la noticia, cómo
se han desatado los hechos, o cómo se van a
presentar ambas cosas.

Interpelaciones para extraer la orientación que
toma un sujeto según su importancia en la ordena-
ción de la información:

• Cuando te interesas por una noticia qué es lo
que hace que así sea: ¿las personas implicadas
en la misma, los hechos acaecidos independientemente de quién los protagonice, lugar
en el que se ha forjado, el momento en el que
se originó la noticia o cuando a ti te la comu-
nican, o el asunto general de la misma para
estar al día?

5. FILTRO DE TROZO

También llamado metaprograma de segmentación. Es aquella estrategia firme que responde al modo de fragmentar, secuenciar la información a la hora de recibir o transmitir.

⇨ GRANDES SEGMENTOS. Cuando se manejan generalizaciones, grandes parcelas abstractas. Lo que importa aquí es lo global.

⇨ PEQUEÑOS SEGMENTOS. Lo que cuentan son los detalles por insignificantes que éstos sean. Las personas que utilizan esta salida del metaprograma focalizamos la atención hacia lo específico.

Preguntas para detectar el tipo de segmentación:

- ¿Al explicar cualquier hecho que tú conozcas y que tu interlocutor no, te gusta ser detallista o vas al grano de la información general?

- Cuando te cuentan algo, ¿te interesan los detalles o con las líneas generales te basta?

Una vez referidos los principales metaprogramas. el primer paso a la hora de trabajar con ellos es familiarizarnos con su identificación. Debemos conocerlos todos y cómo se manifiestan a través del lenguaje. En esta fase inicial es conveniente el manejo de preguntas directas que he propuesto previamente, aunque en ocasiones sea preciso suavizarlas o encubrirlas para no dar la impresión de que estamos sometiendo a nuestro interlocutor a un «tercer grado».

¿Para qué sirve conocer los metaprogramas de alguien? Tal vez sea esto lo que piensas después de leer lo anterior. La respuesta es muy simple: para alcanzar un grado óptimo de impacto en la comunicación.

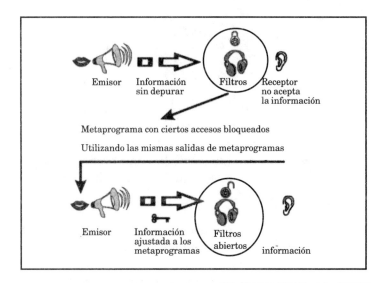

Cuando queremos influir, cuando necesitamos que nuestra comunicación cause un impacto profundo en nuestros oyentes, precisamos emitir información a través de todos los medios disponibles para que surta efecto. Como ya dije en su momento, al establecer una relación comunicativa se genera un espacio en el que todos los elementos, humanos y técnicos, intervienen para crear la atmósfera adecuada al proceso; siempre que procedamos con las técnicas propuestas. Ese espacio lo definíamos como «esfera de comunicación». Y ya hemos estudiado prácticamente todos los elementos que lo conforman.

Recuerda el dibujo siguiente:

⇨ Del emisor, las cualidades que ha de potenciar y manejar para alcanzar un alto grado de dominio técnico:

- Definir su intención y tener un objetivo claro. Es decir, qué pretende con la comunicación.

- Tener, como consecuencia, una motivación alta que le lleve a poner en práctica los métodos aprendidos.

- Usar las técnicas descritas y los métodos que le facilitarán conocer las estrategias mentales de su interlocutor.

⇨ Con respecto al receptor o interlocutor, has aprendido a detectar:

- Sus estrategias mentales a través de los accesos a las diferentes modalidades más valoradas del sistema representacional.

- Qué ocurre en su interior y qué derivaciones tiene entre su pensamiento profundo, y el lenguaje que utiliza. Para ello usarás el metamodelo.

- Con el reconocimiento de los metaprogramas también alcanzarás a identificar los valores y creencias que mueven a esa persona.

⇨ Y para establecer y alcanzar esa excelencia en la interacción, tienes a tu disposición las técnicas descritas y recomendadas de:

- CALIBRACIÓN. Imprescindible para detectar qué sucede en el interior de tu interlocutor y poder obrar en consecuencia.

- El *rapport* como la mejor vía de acceso al mapa de la otra persona, y la mejor técnica para crear un estado de empatía.

- Y el desarrollo de la atención constante para adecuarnos y reconocer la conveniencia del momento, del lugar y de la gente.

Acuérdate que el fin de la optimización en el manejo precioso de todos estos elementos, es conseguir que el objetivo se alcance de manera precisa y con éxito. En la medida que consigas, utilizando las habilidades de PNL, la unificación de las intenciones de todos los interlocutores —sea cual sea su número—, podrás generar la denominada DINÁMICA DE COMUNICACIÓN, en la que el resultado positivo que logremos alcanzar se multiplicará geométricamente, como ya dije al principio del libro.

CADA OCASIÓN REQUIERE UNA COMUNICACIÓN

*Lo correcto no es más
que lo oportuno en el camino
de nuestra conducta.*
WILLIAM JAMES

La situación y el objetivo marcan las características de la comunicación. Cada ocasión exige unas formas para que el impacto sea completo. Las interacciones humanas en las que interviene el lenguaje verbal y no verbal para transmitir información, podemos clasificarlas del siguiente modo, en función del propósito, del grupo y del contenido. En cada una de las formas se requiere un abordaje específico del que también hablaremos.

DIÁLOGO

Es la base de toda comunicación. En ella intervienen dos o más personas con la intención de intercambiar puntos de vista, comentarios o informaciones. Las conversaciones, charlas, y reuniones de amigos entran dentro de este apartado. La característica fundamental de esta modalidad es la de que ninguno de los participantes tiene como empeño o finalidad imponer sus criterios o creencias sobre los demás. Se trata única y exclusivamente de un intercambio informativo.

PRESENTACIÓN

Cuando lo que se pretende con la comunicación es transmitir una información concreta y específica a un auditorio sin dar a éste la opción de rebatir durante la exposición, nos encontramos ante lo que llamo «comunicación monodireccional o presentación».

Este tipo de intercambio es en un solo sentido que va del emisor a los receptores, y éstos aceptan o no el contenido pero sin poder impugnar, el público tiene la libertad de quedarse o no, es su única opción. El ponente ha de manejar el *feedback* no verbal de los oyentes para conocer sus impresiones. Dentro de este apartado podemos incluir los mítines, conferencias, discursos, etc. En ocasiones, al finalizar una presentación se admite un apartado de preguntas que ya no forma parte del modelo «presentación», pasando entonces a otro tipo que podemos llamar «debate».

INSTRUCCIÓN

No se trata de una interacción propiamente dicha, ya que se produce para que un sujeto reciba las instrucciones u órdenes para su consecuente ejecución. Aquí no participa ni es considerada la voluntad del receptor ya que está  anulada por las características de la relación establecida previamente entre emisor y destinatario —jefe-empleado, padre-hijo, entrenador-jugador, sargento-soldado—; es el prototipo de comunicación complementaria dentro de las estructuras jerarquizadas: ejército, congregación, empresa, etc.

NEGOCIACIÓN

Modelo de comunicación en el que dos o más personas pretenden encontrar un modo de proceder que convenga a uno y otro grupo de intereses.

Aquí todas las personas que participan son emisoras y receptoras simultáneamente, dado que continuamente han de ir modificando sus planteamientos

iniciales y provocando cambios en los otros para alcanzar un acuerdo que satisfaga a todos. Es la modalidad de trato empleado en las mediaciones, convenios, pactos, cuando se busca establecer consensos, búsqueda de objetivos comunes o acuerdos de cualquier naturaleza entre partes.

ENSEÑANZA

En este grupo se integran los entrenamientos, formación y la enseñanza. Es un modelo de interacción en el que una parte transmite conocimientos y la otra los acoge, estableciéndose un *feed-back* para alcanzar una dinámica que irá creciendo en función del flujo que se genere entre el enseñante y aprendiz. Esta pauta de transmisión y relación es una de las más complicadas debido a la especial habilidad que ha de desarrollar el pedagogo para adecuar su comunicación a la capacidad y modalidad comprensiva del alumno. Las técnicas de PNL, tales como calibración, identificación de modalidad más valorada, posiciones perceptivas, *rapport*, anclajes, etc., cobran una especial relevancia si se quiere ser un excelente comunicador en el área de la enseñanza.

DEBATE

Se fundamenta en el enfrentamiento de ideas. Cada persona o grupo mantiene y defiende sus creencias, pretendiendo imponerlas a los demás. El objetivo aquí es la discusión por la discusión, la argumentación —muchas veces absurdas— y la pretensión de colocar lo que uno piensa sin concesiones. Buena prueba de esta modalidad aparece en muchos programas televisivos y radiofónicos, cuyo único sustento es la provocación dialéctica de los contertulios.

Así pues, cada situación, cada propósito, cada tipo de relación requiere un estilo diferente, modo que viene impuesto por el contexto —lugar, momento, personas—, y por la intención y dirección que se quiera alcanzar en la dinámica que establezcamos. Por tanto, podríamos decir que existen una serie de estilos básicos de comunicar, algo así como modos o conjuntos comportamentales, tanto verbales como no verbales, que marcarían el carácter del emisor, y clasificables en:

Directo y emprendedor

Indicado cuando es necesario ejercer funciones de autoridad y se dispone de ella. Es un acercamiento rápido y eficiente. No permite los debates ni las matizaciones. Es monodireccional y eficaz a corto plazo. Aconsejable cuando lo que se necesitan son respuestas rápidas, aunque no hemos de sorprendernos si la entrega de los sujetos pasivos es escasa. Recomendado en estándares de instrucción, presentación y algunas modalidades de enseñanza.

Metaprogramas característicos de este estilo:

↬ Dirección hacia lo positivo.
↬ Organización principalmente por diferencias.
↬ Estilo de pensamiento: visión y lógica.
↬ Jerarquía de valores: poder.
↬ Primera posición en las relaciones.
↬ Referencia externa-interna.
↬ Tiempo presente-futuro y disociado.
↬ Ordena la información fundamentalmente por segmentación: de grandes a pequeños.

Voluntarioso

Es un talante de cooperación total, no hay ninguna necesidad de demostrar poder o autoridad. Es el modo de presentar las ideas ofreciendo el mayor número de alternativas. El riesgo está en que puede ser el interlocutor el que domine la situación. Se permite recurrir a él en negociaciones, diálogo y enseñanza.

Los filtros que determinan esta modalidad pueden ser:

↬ Dirección hacia lo positivo.
↬ Organización por semejanzas.
↬ Estilo de pensamiento: acción y emoción.
↬ Jerarquía de valores: relación.
↬ Segunda posición en las relaciones.

⇨ Referencia interna-externa.
⇨ Tiempo presente.
⇨ Ordena por personas y actividad.
⇨ Segmentación de pequeños a grandes.

Lógico o razonador

Se trata de aquel que requiere de argumentaciones y razonamientos expositivos. Nos obliga a examinar todas las evidencias de que disponemos y los detalles que hemos manejado. Es necesario mantener un diálogo fluido y atento para que nuestros interlocutores no se desconecten de la conversación debido a la complejidad de la lógica empleada. No hay que dejar nada al azar, nada de conjeturas, sólo hechos claros e irrefutables. Estilo conveniente en las negociaciones para ciertos contenidos de presentaciones y enseñanza. También se da este modo en los debates, cuando la lógica da paso al silogismo y la razón a la argucia.

Es común encontrar en este modo de proceder las siguientes salidas de metaprogramas:

⇨ Dirección hacia lo positivo con un poco de alejamiento de lo negativo.
⇨ Organización por diferencias.
⇨ Estilo de pensamiento: lógico.
⇨ Jerarquía de valores: poder.
⇨ Primera y tercera posición en las relaciones.
⇨ Referencia interna-externa.
⇨ Tiempo presente.
⇨ Ordena por información y actividad.
⇨ Segmentación de pequeños a grandes.

Emotivo

Cuando apelamos a los sentimientos humanos. Puede ser un riesgo el uso de este tipo de comunicación, ya que es fácil que se nos escape su control. Si a pesar de todo decides utilizar esta modalidad, prevé, examina y constata los resultados probables. Si tus objetivos son claros y justos, es útil recurrir al encanto, el entusiasmo e incluso la seducción, pero nunca más allá de lo que la ética y la moral permiten. El uso de términos emocionales activa la aproximación de tales emociones.

Es un estilo apreciable en presentaciones que lo requieran o cuando queramos llegar sentimentalmente a la audiencia, también en los diálogos que sean afectivos e íntimos.

- ⇨ Dirección hacia lo positivo.
- ⇨ Organización por semejanzas.
- ⇨ Estilo de pensamiento: emoción.
- ⇨ Jerarquía de valores: relación.
- ⇨ Segunda posición en las relaciones.
- ⇨ Referencia interna.
- ⇨ Tiempo presente y pasado. Asociado.
- ⇨ Ordena por personas.
- ⇨ Segmentación pequeña.

Asertivo

La asertividad se consigue mediante un lenguaje claro, preciso e inequívoco. Uno se manifiesta tal como es sin agresión pero con firmeza. Es una excelente técnica de comunicación, y para ello sólo tiene que mantener un *rapport* constante, una atención ocular, un lenguaje preciso, un tono medio y agradable, expresando sus intenciones sin ambigüedades y escuetamente. La comunicación asertiva es la que mejor funciona con personas de autoridad, ya que no se esperan tal actitud de su parte.

Podríamos dar como metaprogramas característicos los de:

↪ Dirección hacia lo positivo.
↪ Organización por semejanzas y diferencias.
↪ Estilo de pensamiento: lógico-acción.
↪ Jerarquía de valores: realización.
↪ Primera y tercera posición en las relaciones.
↪ Referencia externa.
↪ Tiempo presente-futuro.
↪ Ordena por personas y actividad.
↪ Segmentación de pequeños a grandes.

Cree en ti mismo y toma siempre que puedas la iniciativa, pero no olvides, puesto que es muy importante, no confundir asertividad con estupidez, salirse de tono, agresividad, o poca educación; la mayoría de las personas confunden lo uno con lo otro.

Pasivo

Es la manera que suelen usar las personas que valoran más los intereses ajenos que los propios. Es aquel que pretende evitar la discusión a toda costa, o cuando sabemos que hemos caído en algún tipo de error y nos pillan «in flagranti».

Podríamos determinar como filtros estratégicos de esta modalidad comunicativa los de:

⇨ Dirección lejos de lo negativo.
⇨ Organización por semejanzas.
⇨ Estilo de pensamiento: emoción.
⇨ Jerarquía de valores: relación.
⇨ Segunda posición en las relaciones.
⇨ Referencia interna-externa.
⇨ Tiempo pasado-presente-futuro.
⇨ Ordena por personas, lugar y actividad.
⇨ Segmentación pequeñas parcelas.

No rechaces la posibilidad de utilizar esta forma en situaciones tensas o excesivamente expuestas a la agresividad. Mediante una actitud sumisa, pasiva o más bien condescendiente, siempre podrías controlar cualquier revés e intentar aprovecharlo.

Persuasivo

Es el que mediante todo tipo de argumentos y planteamientos consigue alcanzar el objetivo que se fijó. Hay que procurar que sea serio, amable y educado, ensayando y observando cómo nuestros planteamientos encajan con las necesidades de las otras personas. Aquí es donde se han de poner en juego todas las tácticas y técnicas de comunicación aprendidas. Hay tres cosas que se requieren en este método: la primera es descubrir el punto de vista de nuestro interlocutor mediante las preguntas adecuadas, de este modo alcanzarás a conocer sus creencias y valores. A continuación haz ver que comprendes su punto de vista y que lo aceptas como hito de partida. Y por último, conseguir que tu interlocutor acepte, elogiando incluso tus ideas y sugerencias.

Como metaprogramas significativos tenemos:

➡ Dirección hacia lo positivo.
➡ Organización por semejanzas.
➡ Estilo de pensamiento: visión-acción.
➡ Jerarquía de valores: realización.
➡ Primera y segunda posición en las relaciones.
➡ Referencia interna-externa.
➡ Tiempo presente-futuro.
➡ Ordena por personas y actividad.
➡ Ambas segmentaciones.

Negociador

Equivale a mediación, pero no hay que confundirlo
—como se hace frecuentemente— con el regateo. Mediante la negociación lo que pretendemos es encontrar el punto medio de las propuestas y que éste satisfaga a todas las partes implicadas. Es encontrar la forma de que las necesidades de todos queden cubiertas. Para llevar a cabo un justo trato hemos de tener en cuenta los requisitos siguientes:

1. Marca unos objetivos ambiciosos y claros pero sin exagerar, es decir, dentro de las posibilidades reales, ya que deberás bajarlos durante la negociación.

2. Procura descubrir los intereses reales de las otras personas y sus límites.

3. No regales nada. Cada concesión implica otra. Cada vez que des algo o cedas en algo, consigue que la otra parte haga lo mismo.

4. Sé flexible, siempre existe una salida justa para cualquier situación, lo importante es ser capaz de alcanzarla.

Un buen negociador ha de saber utilizar todas las salidas de metaprogramas, ya que la flexibilidad y el *rapport* son sus armas fundamentales.
¿Cómo debes manejar aquí los filtros?

⇨ En el de «dirección», partirás siempre hacia lo positivo, pero sin perder de vista el alejarse de lo negativo, especialmente cuando surgen las tensiones.

⇨ Buscarás siempre organizar su información por semejanzas para encontrar los puntos en común y a partir de ahí trabajar.

⇨ Estilo de pensamiento: visión-lógica-acción-emoción. Siempre tendrás presente la imagen del objetivo argumentando adecuadamente y actuando en consecuencia, añadiendo siempre una cierta dosis emotiva para facilitar la relación.

⇨ Tu jerarquía de valores estará basada en la realización, pero bajo la perspectiva de la relación. Si la otra parte se mantiene en criterios de poder, utilizarás éstos para dirigir a tus interlocutores al fin deseado.

⇨ Manejarás todas las posiciones perceptivas desde una óptica permanente de tercera posición en las relaciones.

⇨ Usarás la referencia externa-interna-externa, para calibrar y establecer las correcciones en *rapport*.

⇨ Tiempo presente-futuro, manteniéndote asociado a la situación sin perder de vista la disociación.

⇨ Ordenarás por personas y actividad principalmente sin olvidar la información, el tiempo y el lugar en el que se actúa.

⇨ Partirás de grandes segmentos para posteriormente ir a definir los pequeños detalles.

PONIENDO EN PRÁCTICA LO APRENDIDO

*Sin experiencia no se puede saber
nada con fundamento.*
ROGER BACON

Todo lo leído, y espero que practicado, necesita ser ensamblado para levantar el edificio de la comunicación de impacto.

Para construir un hermoso mueble a un artesano no le basta con querer hacerlo, necesita, además, madera de calidad, herramientas variadas, su habilidad, y ponerse manos a la obra. La comunicación de impacto es como el mueble, tú eres el artesano, y las herramientas son las entregadas dentro de esta caja que llamamos libro.

Repasemos los elementos de que dispone:

⇨ Condiciones para la correcta fijación de los objetivos.

⇨ Calibración: Técnica para captar las sutilezas.

⇨ *Rapport*: Método para crear clima de confianza.

⇨ Identificación de la modalidad del sistema representacional. A través de los accesos (oculares, fisiológicos y lingüísticos) puedes conocer las estrategias de pensamiento de cualquier persona.

⇨ Paquete lingüístico o metalenguaje. Modelo de identificación y preguntas destinado a conocer el trasfondo de los contenidos informativos.

⇨ Metaprogramas o filtros. Patrones de pensamiento que usan las personas para aceptar o rechazar la comunicación.

Imagina la siguiente situación:

Tú eres el dueño de una empresa que atraviesa un momento crítico, y tienes que negociar con un cliente un contrato muy importante del que depende el futuro de la fábrica. Si dejas la negociación al azar, puede que aciertes y te relaciones bien con esa persona que puede salvar tu economía, o puede que no, y te hundas con ella. En el momento que apliques correctamente las técnicas, el azar se elimina, y tú eres el dueño de la situación en un ochenta por ciento, el veinte restante dependerá de tu producto —incluso a veces ni tan siquiera—, del precio y la calidad de lo que se trate la transacción.

En el caso del ejemplo precedente sería conveniente seguir la secuencia:

1. Tener el objetivo claro, concreto y especificado en función a las condiciones de buena formulación.
Objetivo: Poner todos los medios a mi alcance para conseguir interesar al cliente «Mengano», y que firme el contrato.

2. Ya ante el cliente, captar todas las señales verbales y no verbales para:

- Establecer el consiguiente *rapport*.
- Detectar su estado de ánimo.
- Conocer los cambios micro-comportamentales que te indiquen variaciones en sus estados.
- Conocer la mayor cantidad de signos fisiológicos y su correlación con sus estados.

3. Establecer, mantener y dirigir el *rapport* para crear una relación empática que te lleve a un clima de confianza, acercamiento y cooperación.

4. Una vez establecido ese ambiente cálido pasaría a identificar su modalidad o modalidades más valoradas en las estrategias de pensamiento que usa, para dirigirse a él con las mismas. De ese modo, la calidad y conexión establecida con el *rapport* físico se incrementará y aceptará mejor tus explicaciones y mensajes.

5. Con la máxima elegancia, discreción y sutileza, emplearás el paquete lingüístico para concretar sus ambigüedades o evasivas. Preguntas como:
- ¿Qué específicamente?
- ¿Cómo específicamente?
- ¿Quién específicamente?
- ¿Dónde específicamente?
- ¿Cuándo específicamente?
Le ayudará a centrar los temas y a rebatir los argumentos.

6. A la hora de negociar has de tener claras las principales salidas de metaprogramas que tu fu-

turo cliente utiliza. Por ejemplo, si en sus exposiciones detectas que va en dirección a lo positivo: «Quiero lo mejor», «Ser el líder del mercado», «Busco siempre los mejores productos y máxima calidad»; utiliza esta misma dirección: «Mi producto es de lo mejor», «Con nuestro servicio será el líder», «En nuestra empresa encontrará los mejores productos con las mejores calidades». Por el contrario, si se trata de un sujeto que evita lo negativo: «No quiero quedarme a la zaga», «Lo importante es no perder posición en el mercado», «Lo que a mí me interesa es que mi empresa no se quede obsoleta»; has de manejar aseveraciones basadas en esa misma salida: «Nuestros servicios impedirán que usted quede a la cola de sus competidores», «Con nuestra firma usted no perderá ni un solo punto de su cuota de mercado», «Nosotros conseguiremos evitar el envejecimiento de su empresa».

Es muy fácil caer en la tentación y responder a los argumentos formulados en negativo con otros dados en positivo o viceversa. Se cree —comúnmente— que es mejor, cuando precisamente es lo contrario. A una persona que no quiere «ir a la zaga», le importa muy poco «ir por delante», lo que no quiere es «ir a la zaga».

Con los demás metaprogramas ocurre lo mismo. Otro ejemplo, con el filtro de organización: A una persona que se estructura por diferencias, no le puedes hablar de semejanzas. Veamos: «Mi interés en su producto es marcar una notable diferencia con mis competidores». Si tú le respondes: «No tenga dudas al respecto, nuestro producto está en los mejores comercios y usted estará equiparado a los mejores», esto sería un jarro de agua fría para tu cliente potencial que lo que busca es ser diferente, no «igual que los mejores». Por el contrario, si te solicitan «ser como los de vanguardia», evita ofertar exponiendo: «usted será único y diferente a todos».

Con el filtro de jerarquía de valores, como con todos los demás, acontece lo propio, a una persona cuyos rendimientos se centran en el poder y el control, no le hables sobre interés social; y a uno para quien sus valores son alcanzar metas, tampoco. Si tu comprador te dice: «Me interesa adquirir sus productos por el control de mercado que ello me acarrearía», no se te ocurra apoyar la afirmación con: «Indudablemente nuestros productos son de un alto interés social». Si argumentaras así, es posible que perdieras la oportunidad de venta.

Los metaprogramas son mucho más importantes en la comunicación de lo que muchos piensan. Recuerda que son los filtros que abren o cierran las puertas de nuestra mente a la aceptación o al rechazo de la información, y por lo tanto son la llave para convencer a cualquiera.

Mi recomendación final es que estudies y aprendas a identificar las formas en las que se expresan verbalmente estos programas mentales, ya que son la espoleta de la comunicación de impacto.

Estos seis pasos que hemos visto son los básicos y fundamentales necesarios para manejar este extraordinario arte de la comunicación, pero recuerda que no existen varitas mágicas, que para llegar a ser un buen comunicador se requiere mucha práctica, que es con lo que se adquiere la experiencia.

Y no olvides nunca, que *información sin experiencia es como un asno cargado de libros.*

Creer que hemos llegado.
Ése es el problema:
Creer que hemos llegado.

SALVADOR A. CARRIÓN

BIBLIOGRAFÍA RECOMENDADA

EL LENGUAJE DEL CUERPO, Allan Paese. Paidos.

LA COMUNICACIÓN, Christian Bailón. Cátedra.

CÓMO ATRAER EL INTERÉS DE LOS DEMÁS, E. De Bono. Paidos.

CÓMO GANAR AMIGOS, Gilbert Oakley. Edaf.

EL YO DOMINANTE, Idries Shah. Kairós.

UN ESCORPIÓN PERFUMADO, Idries Shah. Kairós.

LAS COMUNICACIONES NO VERBALES, Jacques Corraze. G. Núñez editor.

FLUIR, Mihaly Csikszentmihalyi. Kairós.

LENGUAJE Y ENTENDIMIENTO, Noam Chomsky. Seix Barral.

LOS SECRETOS DE LA COMUNICACIÓN, Peter Thomson. Granica.

TEORÍA DE LA COMUNICACIÓN HUMANA, Paul Watzlawich y otros. Herder.

EL LENGUAJE DEL CAMBIO, Paul Watzlawich y otros. Herder

CAMBIO, Paul Watzlawich y otros. Herder.

EL ENEAGRAMA: CLAVE PARA LAS RELACIONES PERFECTAS, Renee Baron y otro, Martínez Roca.

EL ARTE DE LA COMUNICACIÓN EFICAZ, Richard Storey. Editorial De Vecchi.

PNL Y EL SENTIDO COMÚN, Salvador A. Carrión. Océano Ámbar.

PNL PARA PRINCIPIANTES, Salvador A. Carrión. Océano Ámbar

CURSO DE PRACTITIONER EN PNL, Salvador A. Carrión. Ed. Obelisco.

AUTOESTIMA Y DESARROLLO PERSONAL CON PNL, Salvador A. Carrión. Ed. Obelisco.

INTELIGENCIA EMOCIONAL CON PNL, Salvador A. Carrión. Edaf.

ENEAGRAMA Y PNL, Salvador A. Carrión. Gaia.

NOTA FINAL

Si estás interesado/a en la formación de PNL, tanto en los cursos como en seminarios específicos sobre comunicación, no dudes en ponerte en contacto con nosotros, gustosamente te mantendremos informado/a sobre la programación anual, así como de los eventos específicos que sobre la materia coordinemos en nuestro país y en otros de lengua hispana.

Para ello puedes dirigirte a:

NGB
NEW GENERATION BUSINESS
División del I.E.P.N.L.
Apartado de Correos n.º 212
46190 Riba-Roja del Turia
(Valencia) España
Tel. 902 154602 - Fax 96 1650588
E-mail: ngb@pnlspain.com

Contamos con una sección especializada en soluciones empresariales que pueden facilitarte las claves para cualquier problema de comunicación intra o extra corporativa. Más información en los referidos teléfonos, e-mail, o extensión de la web:

http//:www.pnlspain.com/ngb

ÍNDICE